数林外传 系列

跟大学名师学中学数学

面积关系帮你解题

第❸版

◎ 张景中　彭翕成　著

中国科学技术大学出版社

内 容 简 介

本书利用面积公式揭示平面图形数量关系的特点,系统地介绍了用面积关系来证明平面图形中的相等、不等、成比例、共点线、共线点等初等几何性质,以及用面积关系作几何图形等问题.书中介绍的证明方法比较简便,有的较为巧妙,颇有启发性,对开拓学生的解题思路有一定的帮助.在此基础上还初步介绍了带号面积和面积坐标知识,将面积与解析几何联系起来,以适当扩展学生的数学知识.

图书在版编目(CIP)数据

面积关系帮你解题/张景中,彭翕成著. —3版. —合肥:中国科学技术大学出版社,2016.4(2020.1重印)
(数林外传系列:跟大学名师学中学数学)
ISBN 978-7-312-03842-6

Ⅰ.面⋯ Ⅱ.①张⋯②彭⋯ Ⅲ.几何课—中学—题解 Ⅳ.G634.635

中国版本图书馆 CIP 数据核字(2015)第 193068 号

出版	中国科学技术大学出版社 安徽省合肥市金寨路96号,230026 http://press.ustc.edu.cn https://zgkxjsdxcbs.tmall.com
印刷	安徽省瑞隆印务有限公司
发行	中国科学技术大学出版社
经销	全国新华书店
开本	880 mm×1230 mm 1/32
印张	7.625
字数	184 千
版次	1981年1月第1版 2016年4月第3版
印次	2020年1月第4次印刷
定价	25.00 元

前　言

1974年,张景中老师在新疆教中学,开始思考面积法解题.1982年,应上海教育出版社约稿,出版《面积关系帮你解题》.后来进一步研究的结果,写进了《从数学教育到教育数学》《新概念几何》《几何新方法和新体系》等书籍.并从面积法的应用提炼出算法,为几何定理机器证明提供了新思路.

凡此种种,都说明了面积法有着很强的生命力,很有学习和研究的价值.

这次应中国科学技术大学出版社之约,修订此书.由于张老师年事已高,事务繁忙,委托我来负责此事.杨春波老师校对了全部书稿,我在此表示感谢.

相对于张老师后来的著作,《面积关系帮你解题》某些地方看起来有点浅.但我觉得,正是因为此书比较初级,适合初学者入门,才会多次重印,并很快销售一空.所以此次修订时,第1~15章基本保留原书原貌,仅校正个别错漏;而第16~24章为新增内容,是我这些年学习面积法的一些心得体会.本次修订获华中师范大学中央高校基本科研业务费项目资助,项目编号为CCNU15A02006.

几年前,我尝试写了一本《仁者无敌面积法》,出版之后,反响不错. 希望本书的修订, 读者能够满意, 也算不辜负张老师的教诲.

为了更好地为读者服务, 加强作者和读者之间的联系, 读者可以通过以下方式联系作者:

微信公众号"彭翕成讲数学": pengxichengmath;

邮箱: pxc417@126.com;

彭翕成读者 QQ 群: 324922292.

彭翕成

2016 年 1 月于武昌桂子山

目 录

前言 …………………………………………………… (i)
1 一个古老而年轻的方法 ………………………… (1)
2 同一个面积的多种表示 ………………………… (6)
3 一个公式表示多种面积 ………………………… (11)
4 面积公式小试锋芒 ……………………………… (15)
5 它可以导出许多基本定理 ……………………… (20)
6 初步小结 ………………………………………… (26)
7 证明长度或角度相等 …………………………… (30)
8 证明比例式或复杂的比例式 …………………… (38)
9 证明和差倍分关系 ……………………………… (46)
10 证明三点共线与三线共点 ……………………… (50)
11 利用面积关系做几何计算 ……………………… (60)
12 面积关系与几何不等式 ………………………… (67)
13 几个著名定理的面积证法 ……………………… (77)
14 带号面积和面积坐标 …………………………… (83)
15 向前还能走多远 ………………………………… (101)
16 从欧拉问题谈起 ………………………………… (103)
17 神奇的消点法 …………………………………… (114)

18 平分面积 …………………………………………… (125)
19 趣味分割 …………………………………………… (137)
20 无字证明中的奥秘 ………………………………… (149)
21 不断生长的余弦树 ………………………………… (155)
22 从高斯线谈解法优劣 ……………………………… (164)
23 重心坐标解题举例 ………………………………… (173)
24 五个小专题 ………………………………………… (188)
练习题的提示或解答概要 ……………………………… (222)

1 一个古老而年轻的方法

利用面积关系来说明数学中的某些恒等式、不等式,或证明某些定理,这是一个古老而又年轻的方法.

说它古老,是因为:早在三千多年前,在几何学还没有形成一门系统的学科时,人们已经会用这种方法来解决某些问题了.

说它年轻,是因为:直到今天,人们并没有给它足够的重视,因而,这种方法的潜力远没有得到发挥.它广泛的、五花八门的用途,很少在教科书、教学参考书和各种学生读物中得到较系统的阐述.

几何学的产生,源于人们对土地面积测量的需要.翻开任何一本关于数学史的通俗读物,差不多都记载着这样的故事:在古埃及,尼罗河每年泛滥一次.洪水给两岸的田地带来了肥沃的淤积泥土,但也抹掉了田地之间的界线标志.洪水退后,人们要重新划出田地的界线,这就必须丈量和计算田地的面积.年复一年,就积累了最基本的几何知识.

这样看来,从一开始,几何学便与面积结下不解之缘.英语中的"几何"——"Geometry",这个单词的词头"geo-"便含有"土地"的意思.

用面积关系来证明几何定理,最早的例子是勾股定理的证法.所谓勾股定理,就是:

在直角三角形中,两直角边的平方之和等于斜边的平方.

我国古代数学家把直角三角形较短的直角边叫"勾",较长的直角边叫"股",而把斜边叫做"弦".因而把这个定理叙述为"勾方加股方等于弦方",勾股定理由此而得名.

下述勾股定理的精彩证明,是我国古代数学家智慧的结晶.

勾股定理证法之一:

如图 1.1,四个同样大小的直角三角形的斜边围成一个正方形;它们的直角边围成了一个更大的正方形(为什么?请读者自证).

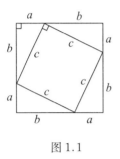

图 1.1

设直角三角形两直角边分别为 a,b,斜边为 c.图 1.1 中大正方形面积
$$S_大 = (a+b)^2,$$
小正方形面积
$$S_小 = c^2,$$
直角三角形面积 $S_\triangle = \frac{1}{2}ab$.显然有
$$S_大 = S_小 + 4S_\triangle,$$
也就是
$$(a+b)^2 = c^2 + 2ab,$$
把等式的左边展开,两边消去 $2ab$,便得勾股定理
$$a^2 + b^2 = c^2. \qquad □①$$

到目前,勾股定理常见的证明方法已有数十种了,但其中最简单的证法仍然是利用面积关系.

勾股定理证法之二:

作直角 $\triangle ABC$ 斜边 AB 上的高 CD,得到三个相似三角形

---
① □记号表示证毕.

(图1.2),即
$$\triangle ABC \backsim \triangle ACD \backsim \triangle CBD$$
(为什么？请读者自证).

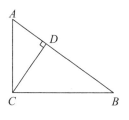

图1.2

根据相似三角形的面积与对应边的平方成正比的定理,可得
$$S_{\triangle ABC} : S_{\triangle ACD} : S_{\triangle CBD} = AB^2 : AC^2 : BC^2.$$
也就是
$$S_{\triangle ABC} = kAB^2, \quad S_{\triangle ACD} = kAC^2, \quad S_{\triangle CBD} = kBC^2,$$
这里 k 为正数. 由于
$$S_{\triangle ABC} = S_{\triangle ACD} + S_{\triangle BCD},$$
因而
$$kAB^2 = kAC^2 + kBC^2,$$
也就是
$$AB^2 = AC^2 + BC^2. \qquad \square$$

用面积关系说明一些基本的恒等式或不等式,也是早就被许多教科书所采用的方法. 例如,从图1.3中便可看出恒等式[①]

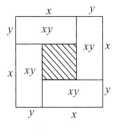

图1.3

$$(x+y)^2 - (x-y)^2 = 4xy,$$
由于$(x-y)^2 \geqslant 0$,从而得到不等式
$$(x+y)^2 \geqslant 4xy,$$
或者化简一下,得
$$x^2 + y^2 \geqslant 2xy.$$
当且仅当 $x = y$ 时等号才成立.

生理学家和医学家们的研究发现:我们大脑

---

① 请注意:阴影部分的面积是$(x-y)^2$.

的两个半球,左半球主要管抽象的东西——语言,逻辑,数学……,右半球主要管具体的东西——形象,图画,音乐…….把抽象的代数关系用具体的图形表示出来,便动员了两个半球同时工作,印象深、理解快、记得牢.用图形表示代数关系的重要方法之一,便是用面积关系来联系的.

这本小册子的目的,是试图较为系统地阐述用面积关系证明几何命题的基本技巧和方法.

练 习 题 1

1. 用面积关系表示下列恒等式:

   (1) $(x+y)^2 = x^2 + 2xy + y^2$;

   (2) $(x-y)^2 = x^2 - 2xy + y^2$.

2. 利用下列图形,给出勾股定理的几种证法.

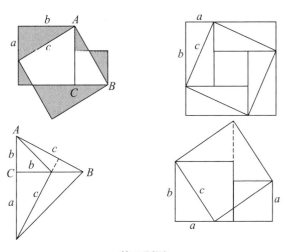

(第 2 题图)

3. 用面积关系表示阿贝尔恒等式：

$$a_1 b_1 + a_2 b_2 + \cdots + a_n b_n$$
$$= a_1(b_1 - b_2) + (a_1 + a_2)(b_2 - b_3) + \cdots$$
$$+ (a_1 + a_2 + \cdots + a_{n-1})(b_{n-1} - b_n)$$
$$+ (a_1 + a_2 + \cdots + a_n) b_n.$$

2 同一个面积的多种表示

上面介绍的勾股定理的古老证法一虽然简单,但它已体现了用面积关系证题的基本思想:用不同的方法计算同一块面积,从而得到一个等式——这样的等式我们把它叫做"面积方程";再对这个"面积方程"进行整理或变换,以获得我们所要的结果.

为了能够列出各种各样的面积方程,就要熟悉面积的计算方法. 平面几何中许多图形,都可以分割成若干个三角形. 于是,我们应当熟悉三角形面积的各种表示法.

按习惯,用 a, b, c 分别表示 $\triangle ABC$ 的三个角 A, B, C 所对的边, h_a, h_b, h_c 顺次表示 a, b, c 三边上的高. 我们最熟悉的三角形面积公式是

$$\text{三角形面积} = \frac{1}{2} \times \text{底} \times \text{高},$$

以后,为方便起见,我们用记号"$S_{\triangle ABC}$"表示三角形 ABC 的面积. 上述公式便可清楚地记作

$$S_{\triangle ABC} = \frac{1}{2} a h_a = \frac{1}{2} b h_b = \frac{1}{2} c h_c. \qquad (2.1)$$

对公式(2.1)略加改变,利用关系式

$$h_a = b \sin C$$

等代入,便得到了与角、边都有联系的公式

$$S_{\triangle ABC} = \frac{1}{2}bc\sin A = \frac{1}{2}ac\sin B = \frac{1}{2}ab\sin C. \quad (2.2)$$

这个公式,往往不被人们重视.其实,它的用处很大.因为它把平面几何中三种最重要的度量——长度、角度、面积紧密地联系在一起了.下面,我们很快可以看到公式(2.2)的重要性.

还有一个大家所熟知的海伦公式,即已知三角形三边求面积的公式

$$S_{\triangle ABC} = \sqrt{s(s-a)(s-b)(s-c)}.① \quad (2.3)$$

我们利用勾股定理可从式(2.1)导出这个公式.事实上,在图 2.1 中令 $BD = x$,那么 $DC = a - x$.由勾股定理列出方程

$$c^2 - x^2 = b^2 - (a-x)^2,$$

展开后解得

$$x = \frac{a^2 + c^2 - b^2}{2a}.$$

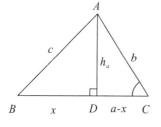

图 2.1

所以

$$h_a^2 = c^2 - x^2 = \frac{1}{4a^2}[4a^2c^2 - (a^2+c^2-b^2)^2]$$

$$= \frac{1}{4a^2}(2ac + a^2 + c^2 - b^2)(2ac - a^2 - c^2 + b^2)$$

$$= \frac{1}{4a^2}[(a+c)^2 - b^2][b^2 - (a-c)^2]$$

---

① $s = \frac{1}{2}(a+b+c)$ 表示 $\triangle ABC$ 的周长的一半.

$$= \frac{1}{4a^2}(a+b+c)(a-b+c)(a+b-c)(-a+b+c)$$

$$= \frac{4}{a^2}s(s-a)(s-b)(s-c).$$

由此即得公式(2.3). □

三角形的面积公式远远不止以上三个,还可以导出已知三条高、或三条中线、或三条角平分线、或两角一边、或一边及另两边上的高、或一角一对边及这边上的中线等等求面积的公式.这样的公式至少也有几十种.但是,在应用面积关系解题时,有了这三个,也就足够用了.其他多种多样的三角形面积公式,都可以直接或间接地由这三个基本公式导出.请看以下的两个例子:

【例 2.1】 已知 $\triangle ABC$ 两边 b,c 上的高为 h_b,h_c,及另一边 a,求它的面积.

解 利用面积公式(2.1),得到

$$b = \frac{2S}{h_b}, \qquad c = \frac{2S}{h_c},$$

这里简记 $S_{\triangle ABC}$ 为 S,代入海伦公式,得

$$S = \frac{1}{4}\left[a + \left(\frac{1}{h_b} + \frac{1}{h_c}\right)2S\right]^{\frac{1}{2}} \left[-a + \left(\frac{1}{h_b} + \frac{1}{h_c}\right)2S\right]^{\frac{1}{2}}$$

$$\cdot \left[a + \left(\frac{1}{h_b} - \frac{1}{h_c}\right)2S\right]^{\frac{1}{2}} \left[a - \left(\frac{1}{h_b} - \frac{1}{h_c}\right)2S\right]^{\frac{1}{2}}.$$

所以

$$16S^2 = \left[\left(\frac{1}{h_b} + \frac{1}{h_c}\right)^2 4S^2 - a^2\right]\left[a^2 - \left(\frac{1}{h_b} - \frac{1}{h_c}\right)^2 4S^2\right].$$

展开后得方程

$$16\left(\frac{1}{h_b^2} - \frac{1}{h_c^2}\right)^2 S^4 - 8\left[a^2\left(\frac{1}{h_b^2} + \frac{1}{h_c^2}\right) - 2\right]S^2 + a^4 = 0.$$

解这个关于 S 的四次方程,会得到 2 个正实根(分别表示三角形为锐角或钝角的情形). □

【例 2.2】 已知 $\triangle ABC$ 的三条中线为 m_a, m_b, m_c,求它的面积.

解 如图 2.2 所示,设三条中线 AD, BE, CF 交于 P 点,由于

$$AP = \frac{2}{3}AD,$$

所以

$$S_{\triangle APF} = \frac{1}{2}S_{\triangle ABP} = \frac{1}{6}S_{\triangle ABC}.$$

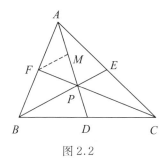

图 2.2

取 AP 的中点 M,那么

$$MP = \frac{1}{3}m_a, \quad PF = \frac{1}{3}m_c, \quad FM = \frac{1}{3}m_b.$$

而

$$S_{\triangle MPF} = \frac{1}{2}S_{\triangle APF} = \frac{1}{12}S_{\triangle ABC}.$$

于是由海伦公式可得

$$\frac{1}{12}S_{\triangle ABC} = S_{\triangle MPF} = \frac{1}{9}\sqrt{m(m-m_a)(m-m_b)(m-m_c)}$$

$\left(m = \frac{1}{2}(m_a + m_b + m_c)\right)$. 所以

$$S_{\triangle ABC} = \frac{4}{3}\sqrt{m(m-m_a)(m-m_b)(m-m_c)}. \quad □$$

在上面的解法中,用到了中线的性质.这些性质也可以独立地由

面积关系导出.请读者参看例 9.1.

练 习 题 2

1. 已知 $\triangle ABC$ 的三条高为 h_a, h_b, h_c,求它的面积和三边.
2. 已知 $\triangle ABC$ 的周长和内切圆的半径,求它的面积.
3. 已知 $\triangle ABC$ 的 a 边及 B, C 两角,求它的面积.

3 一个公式表示多种面积

前面说过,面积公式(2.2)

$$S_{\triangle ABC} = \frac{1}{2}bc\sin A = \frac{1}{2}ac\sin B = \frac{1}{2}ab\sin C$$

用途最广,因为它把长度、角度和面积三种度量联系在一起了.另外,它还有一个有趣的特点——"一身而兼多任",可以表示好几种图形的面积.

本来,在公式

$$S_{\triangle ABC} = \frac{1}{2}ab\sin C$$

中,a,b 表示$\triangle ABC$ 中角C 的两夹边.但我们稍一留心,便可发现,完全能够给 a,b,C 以更广义的解释.

把这广义的解释写成:

命题 3.1 在$\triangle ABC$ 中,设 $BC = a$,在直线 BC 上任取一点 P,设 $AP = b^*$[①],AP 与 BC 所成的角为 C^*,那么有

$$S_{\triangle ABC} = \frac{1}{2}ab^*\sin C^*.$$

证明 如果点 P 与 B,C 之一重合,所要证的就是前面的公式(2.2).如果不重合,不外乎有以下三种情形:

[①] 我们把 AP 叫做$\triangle ABC$ 在 BC 边上的斜高.

如图 3.1(1)的情形,直接用公式(2.2),有

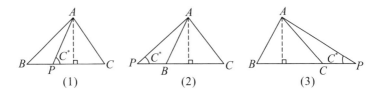

图 3.1

$$S_{\triangle ABC} = S_{\triangle ABP} + S_{\triangle APC}$$

$$= \frac{1}{2}AP \cdot BP\sin C^* + \frac{1}{2}AP \cdot CP\sin C^*$$

$$= \frac{1}{2}AP \cdot (BP + CP)\sin C^*$$

$$= \frac{1}{2}AP \cdot BC\sin C^*$$

$$= \frac{1}{2}ab^* \sin C^*.$$

如图 3.1(2)的情形,可以由

$$S_{\triangle ABC} = S_{\triangle APC} - S_{\triangle APB}$$

出发,以下作类似推导可以证得

$$S_{\triangle ABC} = \frac{1}{2}ab^*\sin C^*.$$

如图 3.1(3)的情形也可类似地证明,这里从略. □

显然,注意到图中虚线所表示的高,也可以由正弦的定义及公式(2.1)推证这个命题.

命题 3.1 通常也称为**斜高公式**.

进一步考虑:如果 P 点不在直线 BC 上,那么又有什么结论呢?

命题 3.2 $ABPC$ 是四边互不相交的四边形,设 $BC = a$,$AP = $

b^*,直线 AP 与 BC 相交所成的角及交点都设为 C^*. 那么四边形 $ABPC$ 的面积

$$S_{四边形ABPC} = \frac{1}{2}ab^*\sin C^*.$$

证明 四边形 $ABPC$ 可分凸四边形和凹四边形两种情形证明.

如图 3.2(1) 所示的凸四边形情形:

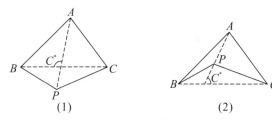

图 3.2

$S_{四边形ABPC} = S_{\triangle ABC} + S_{\triangle PBC}$

$\qquad = \frac{1}{2}BC \cdot AC^*\sin C^* + \frac{1}{2}BC \cdot PC^*\sin C^*$

$\qquad = \frac{1}{2}BC \cdot (AC^* + PC^*)\sin C^*$

$\qquad = \frac{1}{2}ab^*\sin C^*.$

如图 3.2(2) 所示的凹四边形情形:

$$S_{四边形ABPC} = S_{\triangle ABC} - S_{\triangle PBC},$$

作类似的推导,可证得

$$S_{四边形ABPC} = \frac{1}{2}ab^*\sin C^*. \qquad \square$$

我们把四边互不相交的四边形叫做简单四边形. 命题 3.2 可以叙述为:

简单四边形的面积,等于其对角线之积乘以对角线夹角的正弦

之半.

对于非简单四边形,在习题中略作讨论;当后面引入带号面积再作统一处理.

练 习 题 3

1. 试说明命题 3.1 及公式(2.2)、(2.1)都可以看成命题3.2的特殊情形.

2. 如果四边形 $ABPC$ 的两边 AB,PC 交于 Q,"对角线"AP,CB 之延长线交于 C^*. 令 $BC = a$,$AP = b$,求证:
$$|S_{\triangle ACQ} - S_{\triangle BPQ}| = \frac{1}{2}ab\sin C^*.$$

4 面积公式小试锋芒

我们已经熟悉了几个基本的面积公式.现在,书归正传,谈谈如何利用面积关系解题.

先通过下面几个小小例题,领略用面积关系解题这种方法的风格.

【例4.1】 在$\triangle ABC$中,如果$a=b$,求证:a,b两边上的高相等.

证明 由面积公式

$$S_{\triangle ABC} = \frac{1}{2}ah_a, \quad S_{\triangle ABC} = \frac{1}{2}bh_b,$$

得

$$\frac{1}{2}ah_a = \frac{1}{2}bh_b,$$

由$a=b$,将上式约去$\frac{1}{2}a = \frac{1}{2}b$,即得

$$h_a = h_b.$$
□

【例4.2】 在$\triangle ABC$中,如果$B=C$,求证:$b=c$.

证明 由面积公式

$$S_{\triangle ABC} = \frac{1}{2}ab\sin C, \quad S_{\triangle ABC} = \frac{1}{2}ac\sin B,$$

得

$$\frac{1}{2}ab\sin C = \frac{1}{2}ac\sin B.$$

由 $B = C$，将上式约去 $\frac{1}{2}a\sin C = \frac{1}{2}a\sin B$，即得

$$b = c.\qquad □$$

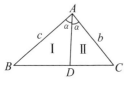

图 4.1

【例 4.3】 已知 $\triangle ABC$ 的两边 b,c 及角 A，求 A 的角平分线的长.

解 如图 4.1 所示，写出面积方程

$$S_{\triangle ABC} = S_{\triangle \text{I}} + S_{\triangle \text{II}},$$

再用面积公式代入（令 $A = 2\alpha$），得

$$\frac{1}{2}bc\sin 2\alpha = \frac{1}{2}c \cdot AD\sin\alpha + \frac{1}{2}b \cdot AD\sin\alpha,$$

所以

$$AD = \frac{bc\sin 2\alpha}{(b+c)\sin\alpha} = \frac{2bc\cos\alpha}{b+c}.\qquad □$$

这几个题，本来平常，利用面积方程来做，更显得"不费工夫"！但是，利用面积方程对付比较复杂的题目，是不是也常常能够奏效呢？请看下面的两个例子.

【例 4.4】 已知 $\odot O$ 的弦 AB 的中点为 M；过 M 任作两弦 CD,EF；连结 CF,DE 分别交 AB 于 G,H. 求证：$MG = MH$（图 4.2）.

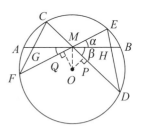

图 4.2

这个题常被认为是平面几何难题之一. 用综合法证明颇难入手，这里我们利用面积方程来证明.

证明 列出与 MH 有关的面积方程

$$S_{\triangle MDE} = S_{\triangle MDH} + S_{\triangle MHE}.$$

用面积公式代入,得

$$\frac{1}{2}MD \cdot ME\sin(\alpha+\beta)$$

$$= \frac{1}{2}MD \cdot MH\sin\beta + \frac{1}{2}ME \cdot MH\sin\alpha,$$

这里 $\alpha = \angle EMH, \beta = \angle DMH$. 将上式约去 $\frac{1}{2}$, 两端除以 $MD \cdot ME \cdot MH$, 得

$$\frac{\sin(\alpha+\beta)}{MH} = \frac{\sin\beta}{ME} + \frac{\sin\alpha}{MD}; \tag{4.1}$$

同理

$$\frac{\sin(\alpha+\beta)}{MG} = \frac{\sin\beta}{MF} + \frac{\sin\alpha}{MC}. \tag{4.2}$$

(4.1)式 $-$ (4.2)式,得

$$\sin(\alpha+\beta)\left(\frac{1}{MH} - \frac{1}{MG}\right)$$

$$= \frac{\sin\beta}{ME \cdot MF}(MF - ME) - \frac{\sin\alpha}{MC \cdot MD}(MD - MC). \tag{4.3}$$

设 P, Q 分别是 DC, EF 的中点,那么显然有

$$\begin{cases} MF - ME = 2MQ = 2MO\sin\alpha, \\ MD - MC = 2MP = 2MO\sin\beta. \end{cases} \tag{4.4}$$

把式(4.4)代入式(4.3)的右边,因为 $ME \cdot MF = MC \cdot MD$, 所以式(4.3)的右边为零,即

$$\sin(\alpha+\beta)\left(\frac{1}{MH} - \frac{1}{MG}\right) = 0.$$

又

$$\sin(\alpha+\beta) \neq 0,$$

所以
$$\frac{1}{MH} - \frac{1}{MG} = 0.$$

又 MH 和 MG 都不为零,所以 $MH = MG$. □

下面的例题,被称为射影几何基本定理.

【例 4.5】 已知四边形 $ABCD$ 两对对边的延长线分别交于 K,L;过 K,L 作直线,对角线 AC,DB 之延长线分别交 KL 于 G,F(图 4.3).

求证:$LF:KF = LG:KG$.

证明 令 $KA = a, KB = b, KC = c, \cdots, KL = l$;$\angle DKC = \alpha$,
$\angle CKG = \beta$. 由于 $LF = l - f, LG = g - l$,所以将要证明的式子变形为

$$\frac{l-f}{f} = \frac{g-l}{g},$$

即

$$\frac{l}{f} - 1 = 1 - \frac{l}{g},$$

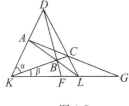

图 4.3

也就是

$$\frac{1}{f} + \frac{1}{g} = \frac{2}{l}.$$

下面来证明这个等式.

列出面积方程

$$S_{\triangle AKL} = S_{\triangle AKB} + S_{\triangle BKL},$$

并用面积公式代入,得

$$\frac{1}{2}al\sin(\alpha+\beta) = \frac{1}{2}ab\sin\alpha + \frac{1}{2}bl\sin\beta,$$

两端除以 $\frac{1}{2}abl$,得

$$\frac{\sin(\alpha+\beta)}{b} = \frac{\sin\alpha}{l} + \frac{\sin\beta}{a}. \tag{4.5}$$

类似地,列出关于 $\triangle DKL$, $\triangle DKF$, $\triangle AKG$ 的三个面积方程:

$$\frac{\sin(\alpha+\beta)}{c} = \frac{\sin\alpha}{l} + \frac{\sin\beta}{d}, \quad (4.6)$$

$$\frac{\sin(\alpha+\beta)}{b} = \frac{\sin\alpha}{f} + \frac{\sin\beta}{d}, \quad (4.7)$$

$$\frac{\sin(\alpha+\beta)}{c} = \frac{\sin\alpha}{g} + \frac{\sin\beta}{a}. \quad (4.8)$$

式(4.5)+式(4.6)-式(4.7)-式(4.8),得

$$0 = \frac{2\sin\alpha}{l} - \frac{\sin\alpha}{f} - \frac{\sin\alpha}{g}.$$

约去 $\sin\alpha$,移项,即得 $\frac{1}{f} + \frac{1}{g} = \frac{2}{l}$. □

从以上几例看到,运用面积关系解题,具有简捷、明快的代数风格.较少添辅助线,有时甚至不用作图,只要写出适当的面积方程,问题常可迎刃而解.

但是,以上几例是不是偶然碰巧可用面积关系来解呢?用面积关系能不能对付一般的、大量的几何题呢?

练 习 题 4

1. 求证:在三角形中,大边上的高较短.

2. 求证:在三角形中,较大的角的角平分线较短,由此推出史坦纳-雷米欧司(Steiner-Lehmus)定理:如果三角形的两角平分线相等,那么它是等腰三角形.

3. 在图 4.1 中,试证明: $\frac{b}{c} = \frac{DC}{DB}$.

4. 在例 4.5 中,如果 $AC \parallel KL$,试证:F 是 KL 的中点.

5. 在 $\triangle ABC$ 内任取一点 P,连结 AP, BP, CP 分别交对边于 D, E, F. EF 交 AP 于 Q. 求证:

$$\frac{PQ}{PD} = \frac{AQ}{AD}.$$

5 它可以导出许多基本定理

为了说明以上所举的例子并非偶然碰巧,在这一章里,我们用面积公式导出一系列最基本的几何定理和三角关系式.

从面积公式(2.2)可得下面的定理.

正弦定理 在任意三角形 ABC 中,有
$$\frac{\sin A}{a} = \frac{\sin B}{b} = \frac{\sin C}{c} = \frac{2S_{\triangle ABC}}{abc}.$$

证明请读者自己完成.

在例 4.3、例 4.4、例 4.5 中,我们已经采用把一个三角形分为两个小三角形,分别求面积,令其相等的手段来证明一些命题.这是今后常用的一种方法.为使用方便起见,我们把这个方法所获得的结论写成命题的形式,称它为**张角关系**①,即:

命题 5.1 由点 P 发出的三射线 PA, PB, PC; $\angle APC = \alpha$, $\angle CPB = \beta$, $\angle APB = \alpha + \beta < 180°$(图 5.1).那么 A, B, C 三点在一直线上的充分必要条件是

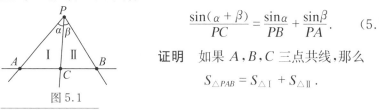

$$\frac{\sin(\alpha+\beta)}{PC} = \frac{\sin\alpha}{PB} + \frac{\sin\beta}{PA}. \quad (5.1)$$

证明 如果 A, B, C 三点共线,那么
$$S_{\triangle PAB} = S_{\triangle \mathrm{I}} + S_{\triangle \mathrm{II}}.$$

图 5.1

---

① 这个命题是关于视点 P 对 A, B, C 三点的张角的数量关系的描述.

所以
$$\frac{1}{2}PA \cdot PB\sin(\alpha+\beta)$$
$$=\frac{1}{2}PA \cdot PC\sin\alpha + \frac{1}{2}PB \cdot PC\sin\beta.$$

两边同除以 $\frac{1}{2}PA \cdot PB \cdot PC$，即得所要证的等式．

反之，如果命题中等式成立，那么反推可得面积方程
$$S_{\triangle PAB} = S_{\triangle \text{I}} + S_{\triangle \text{II}},$$
这说明
$$S_{\triangle ABC} = |S_{\triangle PAB} - S_{\triangle \text{I}} - S_{\triangle \text{II}}| = 0,$$
即 A,B,C 三点共线． □

在命题 5.1（张角关系）中，取特殊情况可以证明下面的定理．

正弦加法定理　如果 α,β 均为锐角，那么
$$\sin(\alpha+\beta) = \sin\alpha\cos\beta + \cos\alpha\sin\beta.$$

证明　在命题 5.1 中，取 $PC \perp AB$ 的特殊情形，那么当 C 为垂足时，有
$$\frac{PC}{PB} = \cos\beta, \qquad \frac{PC}{PA} = \cos\alpha, \qquad (5.2)$$
将式(5.1)乘以 PC，并将式(5.2)代入式(5.1)，即得加法定理． □

正弦加法定理是三角关系式中最基本的一个恒等式．常见的书上的证法不仅比这里复杂，而且将 $\alpha+\beta$ 限定在 $0°\sim90°$ 的范围内，这里只要 α,β 分别是锐角就可以了．当然，应用了任意角三角函数定义及诱导公式后，不难把和角公式推广到任意角．

还可以直接从面积关系出发导出正弦减法定理．

正弦减法定理　如果 $0 \leqslant \beta \leqslant \alpha < 90°$，那么有

$$\sin(\alpha - \beta) = \sin\alpha\cos\beta - \cos\alpha\sin\beta.$$

证明 作 $\triangle PAC$ 使 $\angle C = 90°$，令 $\angle APC = \alpha$；在 AC 上取点 B，令 $\angle BPC = \beta$（图 5.2）. 列出面积方程

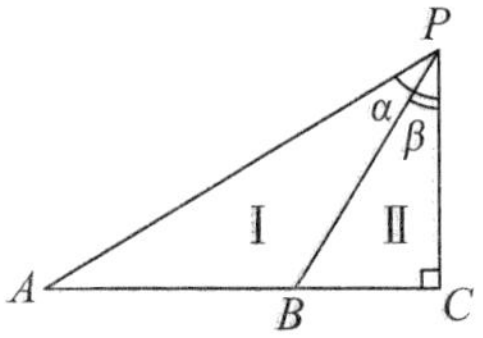

$$S_{\triangle \text{I}} = S_{\triangle APC} - S_{\triangle \text{II}}.$$

所以

$$\frac{1}{2}PA \cdot PB\sin(\alpha - \beta)$$

$$= \frac{1}{2}PA \cdot PC\sin\alpha - \frac{1}{2}PB \cdot PC\sin\beta,$$

图 5.2

两边同除以 $\frac{1}{2}PA \cdot PB$，得

$$\sin(\alpha - \beta) = \frac{PC}{PB}\sin\alpha - \frac{PC}{PA}\sin\beta,$$

再以 $\frac{PC}{PB} = \cos\beta, \frac{PC}{PA} = \cos\alpha$ 代入上式，即得减法定理. □

容易把正弦减法定理推广到 α, β 为任意角的情形. 这里不再赘述.

按照通常的方法，可以从正弦加法及减法定理导出和差化积、积化和差、倍角公式、半角公式以及余弦与正切的加法定理和减法定理. 总之，一整套关于三角函数的基本恒等式，可以从面积关系出发而推得.

我们从命题 5.1（张角关系）出发，还可以得到一个比加法定理更广泛的三角恒等式[①]：

如果 $\alpha + \beta + \gamma + \delta = 180°$，则

$$\sin(\alpha + \beta)\sin(\beta + \gamma) = \sin\alpha\sin\gamma + \sin\beta\sin\delta.$$

---

① 后面将看到，从这个恒等式可以轻易地导出著名的托勒密定理.

证明　在图 5.1 中，令$\angle PAB=\delta$，$\angle PBA=\gamma$，$\angle PCA=t$，利用正弦定理

$$\frac{PC}{PB}=\frac{\sin\gamma}{\sin t},\quad \frac{PC}{PA}=\frac{\sin\delta}{\sin t},$$

代入张角关系式，得

$$\sin(\alpha+\beta)=\frac{\sin\gamma}{\sin t}\sin\alpha+\frac{\sin\delta}{\sin t}\sin\beta,$$

再用 $t=\beta+\gamma$ 代入上式，即得所要证的等式. □

这个恒等式也可以用加法定理来验证. 有兴趣的读者不妨一试.

前面已用面积关系导出了勾股定理. 从勾股定理可以推出广勾股定理——余弦定理. 但是，余弦定理还可以从其他途径得到. 下面介绍一种运用面积关系证明余弦定理的方法.

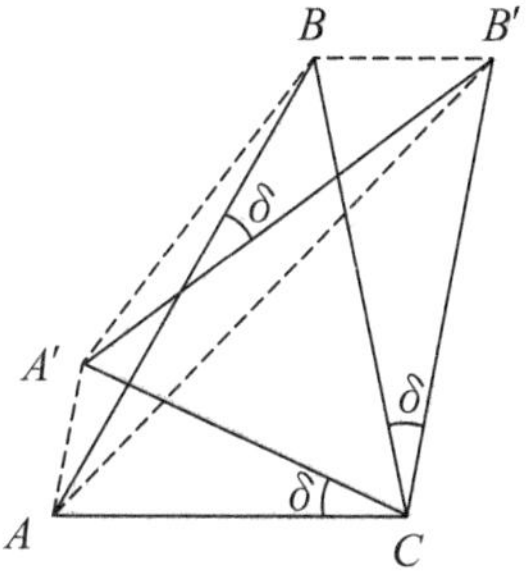

图 5.3

余弦定理　在$\triangle ABC$ 中，有

$$c^2=a^2+b^2-2ab\cos C.$$

证明　如图 5.3，把$\triangle ABC$ 绕 C 点旋转一个小角度δ，得到$\triangle A'B'C\cong\triangle ABC$.

写出面积方程

$$S_{\text{四边形}AA'BB'}=S_{\triangle AA'C}+S_{\triangle BB'C}+S_{\triangle A'BC}-S_{\triangle AB'C},$$

利用四边形面积公式（命题 3.2）得

$$\begin{aligned}\frac{1}{2}AB\cdot A'B'\sin\delta=&\frac{1}{2}AC\cdot A'C\sin\delta+\frac{1}{2}BC\cdot B'C\sin\delta\\&+\frac{1}{2}A'C\cdot BC\sin(C-\delta)\\&-\frac{1}{2}AC\cdot B'C\sin(C+\delta).\end{aligned}$$

这里，$AB=A'B'=c$，$AC=A'C=b$，$BC=B'C=a$，所以

$$c^2\sin\delta = b^2\sin\delta + a^2\sin\delta + ab(\sin C\cos\delta - \cos C\sin\delta)$$
$$- ab(\sin C\cos\delta + \cos C\sin\delta),$$

整理后约去 $\sin\delta$,即得所要证的结果. □

这种证法颇为有趣,但实际上 $AA'BB'$ 可能不是凸四边形而是凹四边形,甚至可能是非简单四边形.但不论哪种情形,上面的推理都行得通,这里不再一一分析.

此外,证明中角度 δ 可以任取.每取一个特殊的 δ,只要 $\sin\delta\neq 0$,便可得到一个证法.取 $\delta = 90°$ 或 $\delta = C$ 时,证明变得更为简单.这留给读者作为习题.

上面,我们应用面积关系导出了正弦定理、正弦的加法定理和减法定理、余弦定理等一系列基本定理.由此不但可以建立一整套三角恒等式,而且轻而易举地可得到两三角形全等及相似的各判别条件.因为平面几何中相当一部分问题最后归结为研究三角形性质的问题.正弦定理、余弦定理反映了一个三角形内部的边角关系,而全等与相似反映了两三角形之间的边角关系.所有这些,都是几何解题中不可缺少的工具.由此可见,运用面积关系解平面几何题,绝不是偶然的,它是平面几何中一种重要的基本方法.

练 习 题 5

1. 应用正弦定理和余弦定理导出两三角形全等、相似的判别条件.

2. 在命题 5.1 中,如果 α,β 为任意角,结论是否成立? 成立时如何证明?

3. 直接用面积关系证明:正弦和角公式当 α,β 中有一钝角时仍成立.

4. 直接用面积关系证明倍角公式
$$\sin 2\alpha = 2\sin\alpha\cos\alpha.$$
5. 直接用面积关系证明和差化积的公式
$$\sin\alpha + \sin\beta = 2\sin\frac{\alpha+\beta}{2}\cos\frac{\alpha-\beta}{2}.$$
6. 从正弦定理、加法定理以及三角形内角和定理出发,导出余弦定理(不需画图).

6 初步小结

我们回顾一下已做过的题,虽然数量不多,但已可看出:用面积关系解题,具有"以不变应万变"的特点.任你千变万化,我有固定的程式可循,就是:第一步,列出面积方程;第二步,用面积公式代入面积方程;第三步,整理所得等式以引向所要的结论.

但是,具体做起来,却要有点技巧.在例4.4和例4.5中,其证明技巧性很强.其中,第一步最不易想到,因为,在一道几何题中,通常有好几块面积,究竟利用哪一块面积或哪几块面积来列出面积方程,如果不通盘考虑,是颇难确定的.有时只要列一个方程就够了,有时需要列几个.多列了,自找麻烦,少列了,又解不出来,便要因题而异.如例4.4列了两个面积方程,例4.5列了四个面积方程,其他都只列了一个.可见情形是多变的,但是尽管如此,还可以有那么几条规律:

(1) 列面积方程时,要找那些与题设、结论有密切关系的面积,特别是三角形面积.实在需要,也可以找某个四边形面积.因为三角形和四边形的面积便于计算.

(2) 面积方程中常常出现一些与结论无关的量,这些量最后要消掉.有时在一个方程中消不掉,就得多列一些方程.特别是在一个方程中不能把结论中出现的量都联系上时,就得再列一些,务必把结论中的量都联系上.

(3) 列多个面积方程时,要使不同的方程中出现相同的量,才便于消去.列一个面积方程时,也要使不同的项联系某些相同的量,才便于整理.例如,例 4.4 中的两个方程都与 $\alpha,\beta,\alpha+\beta$ 有联系;例 4.5 中的四个方程都与 $\alpha,\beta,\alpha+\beta$ 有联系,而且同一线段常常在两个方程中出现;另外,在例 2.1 与例 4.4 的方程中,不同的项与相同的量相关联.

以上三点,也只是大概的要求.具体解题时,常常要试算一次或几次才能找到适用的面积方程.

面积方程列出后,第二步便是用面积公式代入.这一步相对来说较易掌握.通常总是用公式(2.1)或(2.2),特别是公式(2.2).原则上所选公式尽量使与问题无关的参变量个数少一些.这在列出面积方程之后,是不难选择的.

第三步,消去无关的变量而导出所要的结论.到这步似乎已经不是一个几何问题而是代数问题了,但是,相当多的情况下,还要利用题设的几何条件.如在例 4.4 中,化到最后要利用两弦的中点 P,Q 的性质;在第 5 章导出正弦加法定理和减法定理的过程中,要利用余弦定义代入;等等.

总之,第一步,选择面积方程是关键.选得恰当,解题就很顺利.

这里列出几类常用的基本面积方程作为参考:

第一类,也是最简单的一类,是用不同的方法计算同一个三角形面积.如例 4.1、例 4.2 和第 5 章提到正弦定理的证法都用的是这种方法.

第二类,是用途最广泛的一类.在一个三角形边上取一点,把它分成两个三角形来计算,再使两三角形面积的和与整个三角形面积相等.如例 4.3、例 4.4、例 4.5、第 5 章的张角关系、加法定理和三角恒等式等都属于这一类.今后,遇到这种情况,我们常常直接用张角关系,特别是它的必要条件①进行计算.

第三类,使两个三角形的面积的比等于某两个线段的比.这类方程在比例问题中用处很大,前面还没用到,将在第 8 章举例介绍.这里,我们先讲一个一般命题,提请读者重视.

比例定理　如果直线 PQ 交直线 AB 于 M,那么
$$\frac{S_{\triangle PAB}}{S_{\triangle QAB}} = \frac{PM}{QM}.$$

这里,点 P,Q,A,B 种种不同的位置如图 6.1 所示.其中图 6.1 中(3)、(4)位置的比例关系很易被忽略.这条定理可由斜高公式直接导出,证明从略.

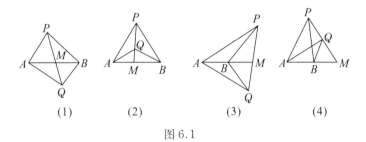

图 6.1

在这条定理中,当点 M 与 A 或 B 重合时,便得到常用的命题:"共高的两三角形面积的比等于底的比";当 $PQ \perp AB$ 时,便得到"共底的两三角形面积的比等于高的比".

第四类,其他.如把一个三角形划分为三个三角形;把四边形用不同的方法分成两个三角形;把一个多边形分成几个三角形;等等.这些方法在个别题目中也会用到,但其中最常用的是,把三角形从中

---

① 如果 C 点在线段 AB 上,而 P 点关于线段 AC,BC 的张角分别为 α,β,那么 $\frac{\sin(\alpha+\beta)}{PC} = \frac{\sin\alpha}{PB} + \frac{\sin\beta}{PA}$.

间一点向各顶点连线,一剖为三的方法.这个方法经过推广、完善,可以发展为"面积坐标系"的一般理论.在本书第 14 章我们将作简单的介绍.

总之:

我们的出发点——三角形面积公式,特别是公式(2.2):
$$S_{\triangle ABC} = \frac{1}{2}ab\sin C.$$

我们常用的基本工具——斜高公式、张角关系、比例定理,特别是张角关系.

我们的解题程式——列出面积方程,用面积公式代入,消去无用的参变量.其中,关键是如何选择适当的面积方程.

7 证明长度或角度相等

证明长度相等通常是利用全等三角形的对应边相等及其推广命题：如，平行四边形的对边相等，底角相等的三角形其腰相等，等等. 当所给的图形中看不出这些条件时，不妨试用面积关系来证明.

证题术 1 要证两线段等长，可设法从证明分别含有这两线段之一的两三角形等积问题入手. 例如，证明分别以这两线段为底且等高的某两个三角形等积. 一般情形下，可注意应用斜高公式以简化证明.

【例 7.1】 在 $\triangle ABC$ 的两边 AB，AC 上分别向形外作矩形 $ACGH$、$BAFE$，且 $\square ACGH \backsim \square BAFE$. 延长 BC 边上的高 DA，交 FH 于 M. 求证：$MH = MF$.

证明 分两种情形：D 点在 BC 上[图 7.1(1)]，或 D 点在 CB 的延长线上[图 7.1(2)].

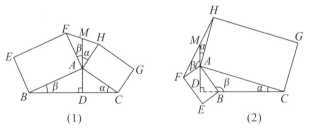

图 7.1

显然,这两种情形都只须证明△MHA 和△MFA 等积就可以了. 令∠MAH = α,∠MAF = β,那么

$$\frac{MH}{MF} = \frac{\triangle MHA}{\triangle MFA} = \frac{AH \cdot AM\sin\alpha}{AF \cdot AM\sin\beta} = \frac{AH\sin\alpha}{AF\sin\beta},$$

又□ACGH∽□BAFE,所以

$$\frac{AH}{AF} = \frac{AC}{AB},$$

易知∠ACB = α,∠ABC = β,所以

$$\frac{MH}{MF} = \frac{AC\sin\alpha}{AB\sin\beta} = \frac{AD}{AD} = 1,$$

即

$$MH = MF. \qquad \square$$

【例 7.2】 BC 是等腰直角△ABC 的斜边,在 BC 上取 D,使 $DC = \frac{1}{3}BC$,作 BE 垂直 AD 交 AC 于 E. 求证:$AE = EC$(图 7.2).

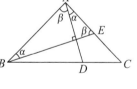

图 7.2

证明 令∠DAE = α,∠DAB = β,由 $BE \perp AD$,所以

$$\angle ABE = \alpha, \quad \angle AEB = \beta,$$

根据比例定理,有

$$\frac{DC}{BD} = \frac{S_{\triangle ADC}}{S_{\triangle ADB}} = \frac{AC \cdot AD\sin\alpha}{AB \cdot AD\sin\beta} = \frac{\sin\alpha}{\sin\beta} = \frac{AE}{AB} = \frac{AE}{AC},$$

由于

$$DC = \frac{1}{3}BC,$$

所以

$$BD = 2DC,$$

则
$$AC = 2AE,$$
即
$$AE = EC.$$ □

【例 7.3】 在 □ABCD 内取一点 O，过 O 点作 $EF /\!/ AB$，$GH /\!/ BC$，交各边于 H, F, G, E（如图 7.3）. 连结 BE, HD，分别交 GH, EF 于 P, Q. 并且 $PO = QO$，求证：$ABCD$ 为菱形.

分析 要证 $AB = BC$，就是要证 $EF = HG$，只须证明 $S_{\triangle PEF} = S_{\triangle QGH}$.

证明 令 $\angle POQ = \theta$，由斜高公式，

$$S_{\triangle PEF} = \frac{1}{2} PO \cdot EF \sin\theta, \quad S_{\triangle QGH} = \frac{1}{2} HG \cdot QO \sin\theta,$$

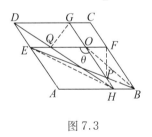

图 7.3

因为
$$BF /\!/ HO,$$
所以
$$S_{\triangle FOP} = S_{\triangle BOP},$$
则
$$S_{\triangle PFE} = S_{\triangle BOE}.$$

又因为
$$BH /\!/ OE,$$
所以
$$S_{\triangle BOE} = S_{\triangle HOE},$$
则
$$S_{\triangle PFE} = S_{\triangle HOE},$$

同理可证 $S_{\triangle QHG} = S_{\triangle HOE}$，所以

$$S_{\triangle PFE} = S_{\triangle QHG}.$$

由于

$$OP = OQ,$$

则

$$EF = GH.\qquad\square$$

证明角度相等,通常是利用相似三角形性质、平行线性质、圆周角定理或三角形的内角和关系等.但有时不容易发现这些关系,可试从面积方程来入手.

证题术 2 要证两角相等,可将分别含有这两角的三角形面积相比,然后将比值化为仅含有线段的比例式,设法从这个等式中约去某些因子,以证明这两角的正弦相等.

【例7.4】 设 $ABCD$ 是平行四边形,分别在 AB, AD 边上取 F, E 使 $DF = BE$,DF 与 BE 交于 P. 求证:$\angle DPC = \angle BPC$(图7.4).

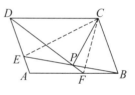

图 7.4

分析 因为含有 $\angle DPC$,$\angle BPC$ 的三角形是 $\triangle DPC$ 和 $\triangle BPC$,所以我们可从这两个三角形的面积比入手.

证明 由于

$$\frac{PD\cdot PC\sin\angle DPC}{PB\cdot PC\sin\angle BPC} = \frac{S_{\triangle DPC}}{S_{\triangle BPC}} = \frac{S_{\triangle DPC}}{S_{\square ABCD}} \cdot \frac{S_{\square ABCD}}{S_{\triangle BPC}}$$

$$= \frac{S_{\triangle DPC}}{2S_{\triangle DFC}} \cdot \frac{2S_{\triangle BEC}}{S_{\triangle BPC}}$$

$$= \frac{DP}{DF} \cdot \frac{BE}{BP} = \frac{DP}{BP},$$

所以

$$\sin\angle DPC = \sin\angle BPC.$$

又
$$\angle DPC + \angle BPC < 180°,$$
所以
$$\angle DPC = \angle BPC. \qquad \square$$

【例 7.5】 在凸四边形 $ABCD$ 中,已知 $AB = CD$,E,F 分别是 AD,BC 的中点.延长 BA,CD,分别交 FE 的延长线于 P,Q.求证: $\angle APE = \angle CQE$(图 7.5).

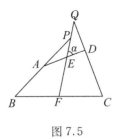

图 7.5

证明 由面积公式
$$S_{\triangle PAE} = \frac{1}{2} AP \cdot PE \sin\angle APE$$
$$= \frac{1}{2} AE \cdot PE \sin\alpha,$$
$$S_{\triangle QDE} = \frac{1}{2} DQ \cdot QE \sin Q$$
$$= \frac{1}{2} DE \cdot QE \sin\alpha,$$

两式相比,得
$$\frac{AP \cdot PE \sin\angle APE}{DQ \cdot QE \sin Q} = \frac{AE \cdot PE \sin\alpha}{DE \cdot QE \sin\alpha} = \frac{PE}{QE},$$

所以
$$AP \sin\angle APE = DQ \sin Q.$$

同理
$$BP \sin\angle APE = CQ \sin Q,$$

两式相减,得
$$(BP - AP)\sin\angle APE = (CQ - DQ)\sin Q,$$

所以
$$AB \sin\angle APE = CD \sin Q.$$

由于
$$AB = CD,$$
则
$$\sin\angle APE = \sin Q.$$
即
$$\angle APE = \angle CQF. \qquad \square$$

证明两角相等有时也要硬算,如:

【例 7.6】 在直角 $\triangle ABC$ 中, BC 为 AB 的 4 倍, 延长 BA 至 D 使 $AD = \dfrac{1}{7}AB$. 再作斜边上的高 BE 延长后交 CD 于 F. 求证: $\angle DAF = \angle BAC$(图 7.6).

图 7.6

证明 在 $\triangle ABC$ 中, $\angle ABE = \angle ACB$, $\angle CBE = \angle BAC$; 由面积公式及题设, 得

$$\frac{DF}{CF} = \frac{S_{\triangle BDF}}{S_{\triangle BCF}} = \frac{BD \cdot BF \sin\angle ABE}{BC \cdot BF \sin\angle CBE}$$

$$= \frac{8}{28} \cdot \tan\angle ACB = \frac{1}{14},$$

在 CD 上取 F', 使 $\angle F'AD = \angle BAC$, 那么

$$\frac{DF'}{CF'} = \frac{S_{\triangle ADF'}}{S_{\triangle ACF'}} = \frac{AD \cdot AF' \sin\angle F'AD}{AC \cdot AF' \sin\angle CAF'}$$

$$= \frac{AD\sin\angle BAC}{AC\sin(180° - 2\angle BAC)} = \frac{AD}{2AC\cos\angle BAC}$$

$$= \frac{AB}{7} \cdot \frac{1}{2AB} = \frac{1}{14}.$$

所以, F 与 F' 重合, 即

$$\angle DAF = \angle DAF' = \angle BAC. \qquad \square$$

练 习 题 6

1. 证明例 7.1 的逆命题: 如果 M 为 FH 的中点, 求证 $AM \perp BC$ (其余条件参看例 7.1).

2. BH, CF 为同一圆内的两弦. $BH \perp CF$, 垂足为 A. $\triangle ABC$ 的高 AD 延长后交 FH 于 M, 求证: $MF = MH$.

3. 梯形 $ABCD$ 的对角线 AC, BD 相交于 P. 过 P 作梯形下底 AB 的平行线交两腰于 M, N. 求证: $MP = NP$.

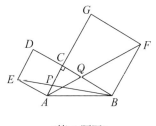

(第 4 题图)

4. 如第 4 题图, 在直角 $\triangle ABC$ 的两腰 AC, BC 上分别作正方形 $ACDE$ 和 $CBFG$, 连结 AF, BE 分别交 BC, AC 于 Q, P. 求证: $PC = QC$.

5. 在正方形 $ABCD$ 内取一点 P, 使 $\angle PAB = \angle PBA = 15°$. 求证: $PD = AB$.

6. 如第 6 题图, 已知等腰 $\triangle ABC$, 底边 BC 上的高为 AD, 以 AD 为直径作圆. 过 B, C 分别作圆的切线切于 E, F. EF 交 AD 于 M, 交 AC 于 N. 求证: $MN = NF$.

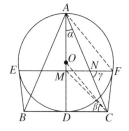

(第 6 题图)

7. 如第 7 题图,等腰 △ABC 内接于圆. 又⊙O 与 △ABC 两腰切于 G, H, 同时又内切于 △ABC 的外接圆于 D. 连结 G, H 交 ∠A 的平分线于 E. 求证: E 是 △ABC 的内心.

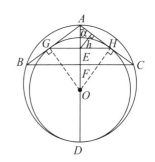

(第 7 题图)

8. 已知 PQ 垂直平分 AB, 在 P, Q 之间取 C, 使 $PC : QC = PA : QB$, 求证: ∠PAC = ∠QBC.

9. 在例 7.5 中,如果 ABCD 不是凸四边形,结论是否仍成立? 试证明之.

10. 在△ABC 中, B 为直角. $BC = a, AB = c$. 延长 BA 至 D, 使 $AD = d$. 作斜边上的高 BE, 并延长交 CD 于 F. 那么当

$$\left(\frac{a}{c}\right)^2 = 2\left(1 + \frac{c}{d}\right)$$

时, 必有 ∠DAF = ∠BAC; 反之亦然. 试证明之.

11. 在直角△ABC 的斜边 BC 上取一点 D, 使 $BD = 2DC$, 又取 AC 的中点为 E, BE 与 AD 垂直. 求证: ∠ABC = ∠ACB.

8 证明比例式或复杂的比例式

因为比例式可化成线段乘积之间的等式,而线段的乘积常可用面积公式表示.因此,运用面积关系证明比例式常常是比较方便的.

证题术 3 在证明比例关系时,可用面积比代替线段的比,反之亦然;并注意应用比例定理以简化证明.

【**例 8.1**】 在 $\triangle ABC$ 内任取一点 P,直线 AP,BP,CP 分别交 BC,CA,AB 于 D,E,F.求证:$\dfrac{AF}{BF} \cdot \dfrac{BD}{CD} \cdot \dfrac{CE}{AE} = 1$(图 8.1).

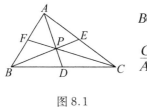

图 8.1

证明 由比例定理,得

$$\frac{AF}{BF} = \frac{S_{\triangle APC}}{S_{\triangle BPC}},$$

$$\frac{BD}{CD} = \frac{S_{\triangle APB}}{S_{\triangle APC}}, \quad \frac{CE}{AE} = \frac{S_{\triangle BPC}}{S_{\triangle APB}}.$$

所以

$$\frac{AF}{BF} \cdot \frac{BD}{CD} \cdot \frac{CE}{AE} = \frac{S_{\triangle APC}}{S_{\triangle BPC}} \cdot \frac{S_{\triangle APB}}{S_{\triangle APC}} \cdot \frac{S_{\triangle BPC}}{S_{\triangle APB}} = 1. \quad \square$$

在例 8.1 中,如果点 P 在 $\triangle ABC$ 的外部,结论仍成立.证明过程与上述相同.请读者自己推证.

【**例 8.2**】 $\odot O_1$,$\odot O_2$ 外切于点 C.外公切线 AB 分别切 $\odot O_1$,$\odot O_2$ 于 A,B;设两圆的直径分别为 d_1,d_2,求证:AB 为 d_1,d_2 的比

例中项(图 8.2).

证明 过 C 点作公切线交 AB 于 D,那么

$$AD = BD = CD = \frac{AB}{2},$$

且 O_2D 平分 $\angle BDC$,

$$\angle DAC = \frac{1}{2}\angle BDC,$$

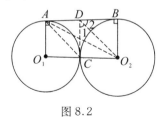

图 8.2

则

$$O_2D /\!/ AC,$$

从而

$$S_{\triangle DAC} = S_{\triangle O_2 AC}.$$

即

$$\frac{1}{2}DA \cdot DC\sin\angle ADC = \frac{1}{2}AO_1 \cdot CO_2 \sin\angle AO_1 C$$

(斜高公式). 由于

$$\angle AO_1 C + \angle ADC = 180°,$$

所以

$$\sin\angle ADC = \sin\angle AO_1 C.$$
$$DA \cdot DC = AO_1 \cdot CO_2.$$

即

$$\left(\frac{AB}{2}\right)^2 = \frac{d_1}{2}\frac{d_2}{2}. \qquad \square$$

下面的例题,如果不用面积关系证,也是颇难入手的.

【例 8.3】 $ABCD$ 为凸四边形(图 8.3),在 AB, BC, CD, DA 边上顺次取 F, G, H, E,使

$$\frac{FB}{FA} = \frac{HC}{HD} = \lambda,$$

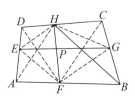

图 8.3

$$\frac{GC}{GB} = \frac{ED}{EA} = \mu,$$

而 P 点为 FH, EG 的交点. 求证：

$$PG : PE = \lambda, \quad PH : PF = \mu.$$

分析 要求比值 $PG : PE$，可把它化为面积的比

$$\frac{S_{\triangle FGH}}{S_{\triangle FEH}} = \frac{PG}{PE}$$

来求得.

证明 令 $S_{\triangle FBH} = x, S_{\triangle FCH} = y$，四边形 $BCHF$ 的面积为 ω，那么

$$S_{\triangle GCH} = \frac{\mu}{1+\mu}(\omega - x), \quad S_{\triangle GBF} = \frac{1}{1+\mu}(\omega - y),$$

所以

$$S_{\triangle FGH} = \omega - \frac{\mu}{1+\mu}(\omega - x) - \frac{1}{1+\mu}(\omega - y)$$

$$= \frac{\mu x + y}{1+\mu} = \frac{\mu}{1+\mu} S_{\triangle FBH} + \frac{1}{1+\mu} S_{\triangle FCH}.$$

同理可得

$$S_{\triangle FEH} = \frac{\mu}{1+\mu} S_{\triangle FAH} + \frac{1}{1+\mu} S_{\triangle FDH}.$$

由于

$$S_{\triangle FBH} = \lambda S_{\triangle FAH}, \quad S_{\triangle FCH} = \lambda S_{\triangle FDH},$$

所以

$$S_{\triangle FGH} = \lambda \left(\frac{\mu}{1+\mu} S_{\triangle FAH} + \frac{1}{1+\mu} S_{\triangle FDH} \right) = \lambda S_{\triangle FEH},$$

则

$$\frac{PG}{PE} = \frac{S_{\triangle FGH}}{S_{\triangle FEH}} = \lambda.$$

同理可证 $PH:PF=\mu$. □

以上所讨论的比例式,两端仅含有乘除运算.如果同时含有加减运算,那么称它为复杂比例式.利用面积关系证明复杂比例式,也是相当有效的.

证题术4 证明复杂比例式,可找寻与要证等式中线段有关的面积,分块计算再加减以列出等式,经适当变形而求得所要证明的比例式,有时可运用张角关系以简化证明.

【例8.4】 如图 8.4 所示,CD 是直角$\triangle ABC$ 斜边 AB 上的高,求证:
$$\frac{1}{CB^2}+\frac{1}{AC^2}=\frac{1}{CD^2}.$$

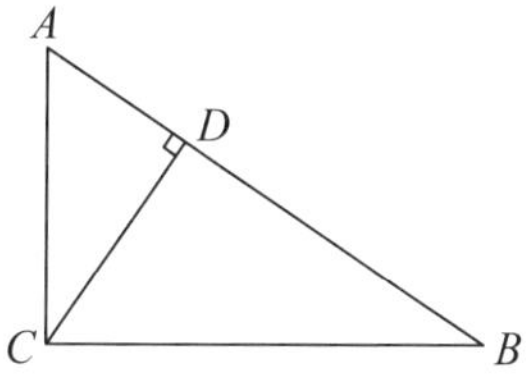

证明 由张角关系

$$\frac{\sin 90°}{CD}=\frac{\sin\angle ACD}{CB}+\frac{\sin\angle BCD}{CA}$$

$$=\frac{\sin B}{CB}+\frac{\sin A}{AC}$$

$$=\frac{1}{CB}\cdot\frac{CD}{CB}+\frac{1}{AC}\cdot\frac{CD}{AC},$$

图 8.4

两端除以 CD,得

$$\frac{1}{CB^2}+\frac{1}{AC^2}=\frac{1}{CD^2}.\quad□$$

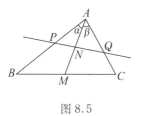

图 8.5

【例8.5】 设 AM 是$\triangle ABC$ 的边 BC 上的中线,任作一直线顺次交 AB,AC,AM 于 P,Q,N. 求证:$\dfrac{AB}{AP},\dfrac{AM}{AN},\dfrac{AC}{AQ}$ 成等差数列(图 8.5).

证明 由张角关系

$$\frac{\sin(\alpha+\beta)}{AN} = \frac{\sin\beta}{AP} + \frac{\sin\alpha}{AQ}, \quad (8.1)$$

$$\frac{\sin(\alpha+\beta)}{AM} = \frac{\sin\beta}{AB} + \frac{\sin\alpha}{AC}. \quad (8.2)$$

又由于

$$MB = MC,$$

所以

$$S_{\triangle ABM} = S_{\triangle ACM},$$

即

$$AB \cdot AM\sin\alpha = AC \cdot AM\sin\beta,$$

则

$$AB\sin\alpha = AC\sin\beta,$$

$$\frac{\sin\beta}{AB} + \frac{\sin\alpha}{AC} = \frac{2\sin\beta}{AB} = \frac{2\sin\alpha}{AC}. \quad (8.3)$$

式(8.1)÷式(8.2),并利用式(8.3),得

$$\frac{AM}{AN} = \frac{\frac{\sin\beta}{AP}}{\frac{2\sin\beta}{AB}} + \frac{\frac{\sin\alpha}{AQ}}{\frac{2\sin\alpha}{AC}} = \frac{1}{2}\left(\frac{AB}{AP} + \frac{AC}{AQ}\right).$$

所以

$$2\frac{AM}{AN} = \frac{AB}{AP} + \frac{AC}{AQ}.$$

即

$$\frac{AM}{AN} - \frac{AB}{AP} = \frac{AC}{AQ} - \frac{AM}{AN}. \qquad \square$$

【例 8.6】 在圆内接四边形 $ABCD$ 中,$BC = CD$. 求证:$AC^2 = AB \cdot AD + BC^2$(图 8.6).

证明 列出面积方程

$$S_{\text{四边形}ABCD} = S_{\triangle ABD} + S_{\triangle BCD}, \qquad (8.4)$$

利用面积公式,式(8.4)的右边为

$$S_{\triangle ABD} + S_{\triangle BCD}$$
$$= \frac{1}{2}(AB \cdot AD + BC^2)\sin\angle BCD,$$

令圆的直径为 d,式(8.4)的左边为

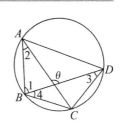

图 8.6

$$S_{\text{四边形}ABCD} = \frac{1}{2}AC \cdot BD\sin\theta = \frac{1}{2}AC \cdot d\sin\angle BCD \cdot \sin\theta$$
$$= \frac{1}{2}AC \cdot d\sin(\angle 1 + \angle 2) \cdot \sin\angle BCD$$
$$= \frac{1}{2}AC \cdot d\sin(\angle 1 + \angle 4) \cdot \sin\angle BCD$$
$$= \frac{1}{2}AC^2 \cdot \sin\angle BCD.$$

由于

左边 = 右边,

所以

$$AC^2 = AB \cdot AD + BC^2 \qquad \square$$

下面一个例题,是人们熟知的**托勒密(Ptolemaeus)定理**,这里的证法与常见的不同.

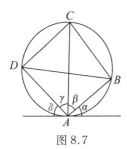

图 8.7

【例 8.7】 设 $ABCD$ 是圆内接四边形,求证:

$$AC \cdot BD = AB \cdot CD + AD \cdot BC.$$

证明 设圆的直径为 d;过 A 作圆的切线,切线与 AB, AD 的夹角为 α, δ,令 $\angle BAC = \beta, \angle CAD = \gamma$(图 8.7).由直径与弦的关

系,得

$$AB = d\sin\alpha, \quad BC = d\sin\beta,$$
$$CD = d\sin\gamma, \quad AD = d\sin\delta,$$
$$AC = d\sin(\alpha+\beta), \quad BD = d\sin(\beta+\gamma),$$

于是所要证的等式等价于

$$d^2\sin(\alpha+\beta)\sin(\beta+\gamma) = d^2\sin\alpha\sin\gamma + d^2\sin\beta\sin\delta.$$

由于 $\alpha+\beta+\gamma+\delta = 180°$,可直接应用三角恒等式的结论证得命题成立. □

可见用面积关系证明托勒密定理步骤极其简单.

练 习 题 7

1. 在例 8.1 中,如果点 P 在 $\triangle ABC$ 的外部,试证明有同样的结论.

2. 如第 2 题图,直线 FE 和 $\triangle ABC$ 的两边 AB,AC 分别交于 F, E,并和 BC 边的延长线交于 D.求证:

$$\frac{AF}{BF} \cdot \frac{BD}{CD} \cdot \frac{CE}{AE} = 1.$$

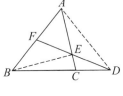

(第 2 题图)

3. 过 $\triangle ABC$ 的 AC 边中点 E 任作直线交 AB 于 F,交 BC 的延长线于 D.求证:

$$\frac{AF}{BF} = \frac{CD}{BD}.$$

4. 在 $\triangle ABC$ 内任取一点 P,连结 AP,BP,CP 并且延长,分别交三边于 D,E,F.求证: $\dfrac{AP}{AD} + \dfrac{BP}{BE} + \dfrac{CP}{CF} = 2.$

5. 求证:圆外切梯形的高是上、下底的比例中项.

6. 在例 8.3 中,如果四边形 $ABCD$ 退化为三角形,结论如何?

如果 ABCD 是凹四边形或非简单四边形呢?

7. 试应用例 8.3 的结果证明下列有趣的命题:设凸四边形 ABCD 各边的三等分点顺次为 G,H,L,K,F,E,I,J;连结对边上两点的直线分别交于 P,Q,R,S;则四边形 PQRS 的面积恰为四边形 ABCD 面积的 $\frac{1}{9}$(参看书末附图).

8. 由 P 点作四条射线,与直线 l_1,l_2 分别交于 A,B,C,D 和 A',B',C',D'. 求证:$\dfrac{A'B'}{C'B'}:\dfrac{A'D'}{C'D'}=\dfrac{AB}{CB}:\dfrac{AD}{CD}$.

9. 在 □ABCD 的边 AB 上取点 P,使 $AB=3AP$,边 AD 上取点 Q,使 $AD=4AQ$. PQ 交对角线 AC 于 M. 求证:$AC=7AM$.

10. 在 $\angle P$ 的一边上取两点 A,D,另一边上取两点 B,C,AB,CD 交于 Q,而 PQ 平分 $\angle APB$. 求证:$\dfrac{AD}{BC}=\dfrac{AP\cdot DP}{CP\cdot BP}$.

11. M 是 $\triangle ABC$ 边 BC 上任一点. 任作一直线分别交 AB,AM,AC 于 P,N,Q. 如果 $MB:MC=\lambda:\mu$. 求证:
$$(\lambda+\mu)\frac{AM}{AN}=\lambda\frac{AB}{AP}+\mu\frac{AC}{AQ}.$$

12. 设 AE 是 $\triangle ABC$ 的角平分线,$AC=\lambda AB$. 以 AC 为直径作圆交直线 AE 于 D. 求证:$\dfrac{AE}{AD}=\dfrac{2}{1+\lambda}$.

13. 四边形 $ABCD$ 内接于圆. 求证:
$$\frac{AC}{BD}=\frac{DC\cdot BC+AB\cdot AD}{BA\cdot BC+DC\cdot AD}.$$

9　证明和差倍分关系

和差倍分一类题目,实质上是比例问题和复杂比例问题的特例,方法比较简单,这里简略地介绍一下.

证题术 5　线段的和差倍分问题,常可化为有关三角形面积的和差倍分问题来解决.

【例 9.1】　$\triangle ABC$ 的中线 AD, BE 相交于 M. 求证: $MD = \dfrac{1}{3} AD$ (图 9.1).

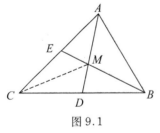

图 9.1

证明　由比例定理

$$\frac{S_{\triangle AMB}}{S_{\triangle AMC}} = \frac{BD}{CD} = 1,$$

$$\frac{S_{\triangle AMB}}{S_{\triangle CMB}} = \frac{AE}{CE} = 1,$$

所以

$$S_{\triangle AMB} = S_{\triangle CMB} = S_{\triangle AMC} = \frac{1}{3} S_{\triangle ABC},$$

则

$$\frac{MD}{AD} = \frac{S_{\triangle BMC}}{S_{\triangle ABC}} = \frac{1}{3}. \qquad \square$$

上例是大家熟知的命题. 由它可导出"三角形三中线交于一点"的定理. 读者不妨将这里的证法与教科书上常用证法作一对比,体会一下应用面积关系解题的特点.

【例9.2】 如图9.2,在等腰△ABC的底边CB的延长线上任取一点P,由P向两腰AB,AC分别引垂线PM,PN,M,N为垂足,腰上的高为h.求证:
$$|PM - PN| = h.$$

证明 令△ABC的腰为b.由面积方程,得
$$|S_{\triangle PAC} - S_{\triangle PAB}| = S_{\triangle ABC}.$$

由面积公式,得
$$\left|\frac{1}{2}PN \cdot AC - \frac{1}{2}PM \cdot AB\right| = \frac{1}{2}bh,$$
$$\frac{1}{2}b|PM - PN| = \frac{1}{2}bh,$$

所以

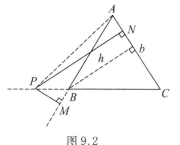

图9.2

$$|PM - PN| = h. \qquad \square$$

【例9.3】 如图9.3,已知△ABC的三边a,b,c成等差数列,求证:(1) △ABC重心G与内心O的连线平行于AC;(2) $|b-a| = 3GO$.

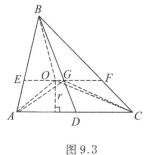

图9.3

证明 (1) 设AC边上的中线为BD,那么
$$\frac{S_{\triangle GAC}}{S_{\triangle ABC}} = \frac{GD}{BD} = \frac{1}{3},$$

所以
$$S_{\triangle GAC} = \frac{1}{3}S_{\triangle ABC}.$$

令△ABC内切圆的半径为r,那么
$$S_{\triangle ABC} = \frac{1}{2}(a+b+c)r = \frac{3}{2}br = 3S_{\triangle OAC}.$$

所以

则
$$S_{\triangle GAC} = S_{\triangle OAC},$$
$$OG \,/\!/\, AC.$$

(2) 设直线 OG 分别交 AB, BC 于 E, F. 为确定起见,不妨设 O 在 EG 上,由比例定理,得

$$\frac{GF+OG}{GF} = \frac{S_{\triangle BOC}}{S_{\triangle BGC}} = \frac{\frac{1}{2}ar}{\frac{1}{3}S_{\triangle ABC}} = \frac{\frac{1}{2}ar}{\frac{1}{2}br} = \frac{a}{b}.$$

但是
$$GF = \frac{1}{2}EF = \frac{1}{2} \cdot \frac{2}{3} \cdot AC = \frac{b}{3},$$

所以
$$1 + \frac{3OG}{b} = \frac{a}{b},$$

则
$$|b-a| = 3OG. \qquad \square$$

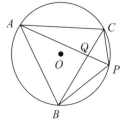

图 9.4

【例 9.4】 等边 $\triangle ABC$ 内接于圆 O,在 $\overset{\frown}{BC}$ 上任取一点 P. 求证: $PA = PB + PC$ (图 9.4).

证明 列出面积方程
$$S_{\text{四边形}ABPC} = S_{\triangle PAB} + S_{\triangle PAC}.$$

由面积公式,得

$$\frac{1}{2}PA \cdot BC\sin\angle AQC$$
$$= \frac{1}{2}PA \cdot PB\sin\angle BPA + \frac{1}{2}PA \cdot PC\sin\angle CPA,$$

即

$BC\sin(\angle APC + \angle BCP) = (PB + PC)\sin 60°.$ 由于
$$\angle APC = 60° = \angle ACB,$$
所以
$$BC\sin\angle ACP = (PB + PC)\sin\angle APC.$$
因为 $BC = AC$,由正弦定理,得
$$PB + PC = BC \cdot \frac{\sin\angle ACP}{\sin\angle APC} = AP. \quad \square$$

练习题 8

1. 在 $\triangle ABC$ 的 AB, AC 边上分别取 D, E,连结 CD, BE 相交于 O. $\frac{AD}{BD} = \lambda, \frac{AE}{CE} = \mu$. 求证: $\frac{DO}{CO} = \frac{\mu}{1+\lambda}, \frac{EO}{BO} = \frac{\lambda}{1+\mu}$. 并说明例 9.1 是这一题的特例.

2. 在 $\triangle ABC$ 中,重心 G 和内心 O 的连线平行于 AC. 求证: $AB + BC = 2AC$.

3. 在等腰 $\triangle ABC$ 底边 BC 上任取一点 P,自 P 向两腰作垂线 PD, PE;设 AB 边上的高为 h,求证: $PD + PE = h$.

4. 在等边三角形内任取一点 P. 求证: P 到三边距离之和为常数,这个常数为等边三角形的高. 如果点 P 在三角形的外部,那么又有什么类似的结论?

5. AE 是 $\triangle ABC$ 中 $\angle A$ 的平分线, $AC = 3AB$,自点 C 作 AE 的垂线交 AE 的延长线于 D. 求证: $AD = 2AE$.

10 证明三点共线与三线共点

在平面几何中,关于三点共线的证明题常被认为是较难入手的,而运用面积关系证明这类问题,则有一个明确的方向:只要证明以这三点为顶点的三角形面积为零就可以了.但这三点所组成三角形的面积有时不便于直接计算,此时不妨适当地选取另一点,用下面间接的方法达到目的.

证题术 6 要证 P 点在线段 BC 上,可在线段 BC 外适当选取另一点 A,证明
$$S_{\triangle ABC} = S_{\triangle ABP} + S_{\triangle ACP};$$
或直接应用"张角关系"证明.

下面,便是直接应用张角关系证明三点共线的一例.

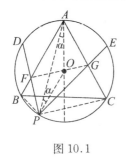

图 10.1

【例 10.1】 设正三角形 ABC 内接于 $\odot O$,点 D, E 分别为 $\overparen{AB}, \overparen{AC}$ 的中点.在 $\overparen{BC}$ 上任取一点 P,连结 PD, PE 分别交 AB, AC 于 F, G.求证:F, G, O 共线(图 10.1).

分析 要证明 F, G, O 共线,根据张角关系,只需证明
$$\frac{\sin\angle FPG}{PO} = \frac{\sin\angle FPO}{PG} + \frac{\sin\angle GPO}{PF}$$
就可以了.

证明 令$\angle APO = \alpha$,$\odot O$ 的直径 $2PO = d$,那么

$$\frac{\sin\angle FPG}{PO} = \frac{2\sin 60°}{d} = \frac{\sqrt{3}}{d}.$$

$$\frac{\sin\angle FPO}{PG} + \frac{\sin\angle GPO}{PF}$$

$$= \frac{\sin(30°+\alpha)}{PG} + \frac{\sin(30°-\alpha)}{PF}. \qquad (10.1)$$

由 P 点出发的三射线 PA,PG,PC,A,G,C 共线,根据张角关系,得

$$\frac{\sin 60°}{PG} = \frac{\sin 30°}{PC} + \frac{\sin 30°}{PA}. \qquad (10.2)$$

利用直径与弦的关系,得

$$PC = d\sin(30°+\alpha), \quad PA = d\cos\alpha.$$

代入式(10.2),得

$$\frac{1}{PG} = \frac{1}{2\sin 60°}\left[\frac{1}{d\sin(30°+\alpha)} + \frac{1}{d\cos\alpha}\right]. \qquad (10.3)$$

同理,得

$$\frac{1}{PF} = \frac{1}{2\sin 60°}\left[\frac{1}{d\sin(30°-\alpha)} + \frac{1}{d\cos\alpha}\right]. \qquad (10.4)$$

把式(10.3)、式(10.4)代入式(10.1),得

$$\frac{\sin(30°+\alpha)}{PG} + \frac{\sin(30°-\alpha)}{PF}$$

$$= \frac{1}{2d\sin 60°}\left[2 + \frac{\sin(30°+\alpha) + \sin(30°-\alpha)}{\cos\alpha}\right]$$

$$= \frac{3}{2d\sin 60°} = \frac{\sqrt{3}}{d},$$

所以

$$\frac{\sin\angle FPG}{PO} = \frac{\sin\angle FPO}{PG} + \frac{\sin\angle GPO}{PF},$$

因此 F, G, O 三点共线.

下面一例是 1959 年国际数学竞赛的一道题. 常见的题解都是用解析几何方法来证的, 这里我们提供一个不同的证法.

【例 10.2】 在线段 AB 上取内分点 M, 使 $AM \leqslant BM$. 分别以 MA, MB 为边, 在 AB 的同侧作正方形 $AMCD$ 和 $MBEF$. $\odot P$ 和 $\odot Q$ 分别是这两个正方形的外接圆, 两圆交于 M, N. 求证: B, C, N 三点共线 (图 10.2).

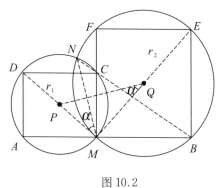

图 10.2

分析 要证明 B, C, N 共线, 只需证明

$$S_{\triangle MBC} + S_{\triangle MNC} = S_{\triangle MNB}$$

就可以了.

证明 设 $\odot P, \odot Q$ 的半径分别为 r_1, r_2, 那么 $MC = \sqrt{2} r_1$, $MB = \sqrt{2} r_2$, 显然有

$$PM \perp MQ, \quad MN \perp PQ, \quad \angle PQM = \angle PMN.$$

令 $\angle PQM = \angle PMN = \alpha$, 由面积公式, 得

$$S_{\triangle MNB} = \frac{1}{2} MN \cdot MB \sin \angle BMN$$

$$= \frac{1}{2} \cdot 2 r_1 \cos \alpha \cdot \sqrt{2} r_2 \sin(90° + 45° - \alpha)$$

$$= \sqrt{2} r_1 r_2 \cos \alpha \cos(45° - \alpha);$$

$$S_{\triangle MNC} = \frac{1}{2} MN \cdot MC \sin \angle CMN$$

10 证明三点共线与三线共点

$$= \frac{1}{2} \cdot 2r_2\sin\alpha \cdot \sqrt{2}r_1\sin(45° - \alpha)$$

$$= \sqrt{2}r_1r_2\sin\alpha\sin(45° - \alpha).$$

所以

$$S_{\triangle MNB} - S_{\triangle MNC}$$

$$= \sqrt{2}r_1r_2[\cos\alpha\cos(45° - \alpha) - \sin\alpha\sin(45° - \alpha)]$$

$$= \sqrt{2}r_1r_2\cos45° = r_1r_2 = S_{\triangle MBC}.$$

则

$$S_{\triangle MBC} + S_{\triangle MNC} = S_{\triangle MNB}. \qquad \square$$

下面一例是著名的"西姆松(Simson)定理",它是平面几何中难度较大的题目之一.

【例 10.3】 P 是 $\triangle ABC$ 外接圆上任意一点;自点 P 向 $\triangle ABC$ 的三边作垂线,垂足分别为 Q,R,S. 求证:Q,R,S 共线(图 10.3).

分析 要证明 Q,R,S 共线,只要证明

$$S_{\triangle PRS} = S_{\triangle PRQ} + S_{\triangle PSQ}$$

就可以了.

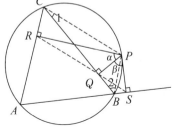

图 10.3

证明

$$S_{\triangle PRS} = \frac{1}{2}PR \cdot PS \cdot \sin\angle RPS, \qquad (10.5)$$

$$S_{\triangle PRQ} + S_{\triangle PSQ} = \frac{1}{2}(PR \cdot PQ\sin\angle RPQ + PS \cdot PQ\sin\angle SPQ).$$

$$(10.6)$$

令 $\angle RPQ = \alpha, \angle SPQ = \beta$,那么 $\angle RPS = \alpha + \beta$,令圆的半径为 r,

$\angle PCQ = \angle 1$，$\angle PBQ = \angle 2$．由于点 P 在圆周上，所以 $\angle 1 + \angle 2 = A$．又因为 $\angle PQC$，$\angle PRC$，$\angle PSB$，$\angle PQB$ 均为直角，所以

$$\alpha = \angle ACB, \quad \beta = \angle ABC, \quad \alpha + \beta = 180° - A.$$

又由弦、圆周角和半径的关系，得

$$PR = PC\sin\angle PCR = 2r\sin\angle 2\sin(\alpha + \angle 1), \quad (10.7)$$

$$PS = PB\sin\angle PBS = 2r\sin\angle 1\sin(\alpha + \angle 1), \quad (10.8)$$

$$PQ = PC\sin\angle 1 = 2r\sin\angle 1\sin\angle 2. \quad (10.9)$$

把式(10.7)~(10.9)代入式(10.5)、式(10.6)，可发现所欲证的等式等价于下列等式

$$\sin(\alpha + \beta)\sin(\alpha + \angle 1) = \sin\alpha\sin\angle 2 + \sin\beta\sin\angle 1.$$

由于 $\alpha + \beta + \angle 1 + \angle 2 = 180°$，这正是我们在用面积关系证明过的恒等式，所以

$$S_{\triangle PRS} = S_{\triangle PRQ} + S_{\triangle PSQ},$$

Q, R, S 三点共线． □

【例 10.4】 在 $\triangle ABC$ 的两边 AB, AC 上分别取 F, E 两点，在 BC 的延长线上取 D 点，使

$$\frac{AF}{BF} \cdot \frac{BD}{CD} \cdot \frac{CE}{AE} = 1.$$

求证：D, E, F 三点共线（图 10.4）．

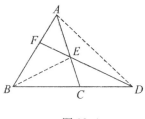

图 10.4

证明 设 $S_{\triangle ABD} = s$，$\frac{AF}{BF} = \lambda$，$\frac{BD}{CD} = \mu$，那么 $\frac{AE}{CE} = \lambda\mu$．于是由比例定理，得

$$S_{\triangle BDF} = \frac{1}{1+\lambda}s, \quad S_{\triangle BED} = \frac{1}{1+\lambda\mu}s,$$

$$S_{\triangle BEF} = \frac{1}{1+\lambda} S_{\triangle ABE} = \frac{1}{1+\lambda} \cdot \frac{\lambda\mu}{1+\lambda\mu} S_{\triangle ABC}$$
$$= \frac{1}{1+\lambda} \cdot \frac{\lambda\mu}{1+\lambda\mu} \cdot \frac{\mu-1}{\mu} s,$$

所以
$$S_{\triangle BEF} + S_{\triangle BED} = \left(\frac{\lambda}{1+\lambda} \cdot \frac{\mu-1}{1+\lambda\mu} + \frac{1}{1+\lambda\mu}\right) s$$
$$= \frac{s}{1+\lambda} = S_{\triangle BDF}.$$

即 D, E, F 三点共线. □

在上题中,如果 D, E, F 三点分别在△ABC 三边的延长线上,结论仍成立.如果三点分别在三边上,或有且仅有一点在某边上,结论显然不能成立.为了用统一的简洁语言表达这些事实,我们用有向线段的比代替线段的比,例如,当 F 点在 AB 上时,比值 $\dfrac{\overline{AF}}{\overline{BF}} < 0$,因为 $\overline{AF}$ 与 $\overline{BF}$ 反向;如果 F 点在 AB 的延长线上,那么 $\overline{AF}$ 与 $\overline{BF}$ 同向,所以 $\dfrac{\overline{AF}}{\overline{BF}} > 0$.这样,当 F, E, D 三点共线时,题中出现的三个比值,如果用有向线段的比来代替,乘积恒为正,结合练习题 8 第 2 题的类似推广,可得:

梅内劳斯(Menelaus)定理 在△ABC 三边所在直线 BC, CA, AB 上分别取点 D, E, F.那么这三点共线的充分必要条件是
$$\frac{\overline{AF}}{\overline{BF}} \cdot \frac{\overline{BD}}{\overline{CD}} \cdot \frac{\overline{CE}}{\overline{AE}} = 1.$$

证明三直线共点,不像证明三点共线那样容易.但是,我们可以把它转化为三点共线的问题去解决.

证题术 7 欲证 l_1, l_2, l_3 三直线交于一点,可先定出 l_1, l_2 的交

点 P,在 l_3 上再选两点 A,B,然后证明 P,A,B 三点共线.

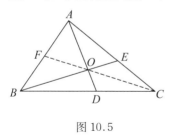

图 10.5

【例 10.5】 △ABC 的三边 BC, CA,AB 上各有一点 D,E,F,使

$$\frac{AF}{BF}\cdot\frac{BD}{CD}\cdot\frac{CE}{AE}=1.$$

求证:AD,BE,CF 交于一点(图10.5).

分析 要证明 AD,BE,CF 交于一点,设 AD,BE 交于 O,只要证明 C,O,F 三点共线就可以了.

证明 令△ABC 面积为 s,并设

$$AF:BF=\lambda:1,\quad BD:CD=\mu:1,$$

那么

$$CE:AE=1:\lambda\mu.$$

又

$$\frac{S_{\triangle BOC}}{S_{\triangle AOC}}=\frac{S_{\triangle BOC}}{S_{\triangle AOB}}\cdot\frac{S_{\triangle AOB}}{S_{\triangle AOC}}=\frac{1}{\lambda\mu}\cdot\frac{\mu}{1}=\frac{1}{\lambda},$$

$$\frac{S_{\triangle BOF}}{S_{\triangle AOF}}=\frac{1}{\lambda},$$

所以

$$S_{\triangle BOC}+S_{\triangle BOF}=\frac{1}{\lambda}(S_{\triangle AOC}+S_{\triangle AOF})$$

$$=\frac{1}{\lambda}(s-S_{\triangle BOC}-S_{\triangle BOF}).$$

展开,得

$$S_{\triangle BOC}+S_{\triangle BOF}=\frac{1}{\lambda}s-\frac{1}{\lambda}S_{\triangle BOC}-\frac{1}{\lambda}S_{\triangle BOF},$$

$$\left(1+\frac{1}{\lambda}\right)(S_{\triangle BOC}+S_{\triangle BOF})=\frac{1}{\lambda}s,$$

所以
$$S_{\triangle BOC} + S_{\triangle BOF} = \frac{1}{1+\lambda}s = S_{\triangle BCF}.$$

这就证明了 O 点在 CF 上，即 AD, BE, CF 共点. □

运用同样的方法可以证明：当 F, D, E 三点中有两点外分 $\triangle ABC$ 的边时，这命题仍成立.综合多种情况，并结合例 9.1，可以得到十分有用的塞瓦(Ceva)定理.

塞瓦定理 在 $\triangle ABC$ 的三边所在直线 BC, CA, AB 上分别取点 D, E, F，那么
$$\frac{\overline{AF}}{\overline{BF}} \cdot \frac{\overline{BD}}{\overline{CD}} \cdot \frac{\overline{CE}}{\overline{AE}} = -1$$
是 AD, BE, CF 交于一点的充要条件.

请读者仿例题分多种情形证明这条定理.

【例 10.6】 以 $\triangle ABC$ 的三边为底，分别向形外作相似的等腰三角形 $\triangle BCD, \triangle ACE$ 和 $\triangle ABF$.求证：AD, BE, CF 三直线交于一点.

证明 设边上所作的等腰三角形底角为 α，$\triangle ABC$ 的最大角为 A，如果 $A + \alpha = 180°$，那么 AD, BE, CF 显然交于 A.所以我们只需证明 $A + \alpha < 180°$ [图 10.6(1)] 和 $A + \alpha > 180°$ [图 10.6(2)] 的两种情形.

设 AD 交 BC 于 M，BE 交 AC 于 N，CF 交 AB 于 L，要证的即是 AM, BN, CL 交于一点.

如果以 A, B, C 分别表示 $\triangle ABC$ 的三个角，a, b, c 表示 A, B, C 的对边，r, s, t 分别表示 a, b, c 边上的等腰三角形的腰.

ⅰ）图 10.6(1)的情形，有

$$\frac{LA}{LB} \cdot \frac{MB}{MC} \cdot \frac{NC}{NA} = \frac{S_{\triangle AFC}}{S_{\triangle BFC}} \cdot \frac{S_{\triangle ADB}}{S_{\triangle ADC}} \cdot \frac{S_{\triangle CBE}}{S_{\triangle ABE}}$$

$$= \frac{bt\sin(A+\alpha)}{at\sin(B+\alpha)} \cdot \frac{cr\sin(B+\alpha)}{br\sin(C+\alpha)} \cdot \frac{as\sin(C+\alpha)}{cs\sin(A+\alpha)} = 1.$$

于是由例 10.5 可知,AM,BN,CL 交于一点.

ⅱ) 图 10.6(2) 的情形,有

$$\frac{LA}{LB} \cdot \frac{MB}{MC} \cdot \frac{NC}{NA} = \frac{S_{\triangle AFC}}{S_{\triangle BFC}} \cdot \frac{S_{\triangle ADB}}{S_{\triangle ADC}} \cdot \frac{S_{\triangle CBE}}{S_{\triangle ABE}}$$

$$= \frac{bt\sin(360°-A-\alpha)}{at\sin(B+\alpha)} \cdot \frac{cr\sin(B+\alpha)}{br\sin(C+\alpha)}$$

$$\cdot \frac{as\sin(C+\alpha)}{cs\sin(360°-A-\alpha)} = 1.$$

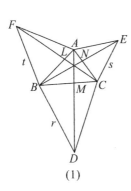
(1)

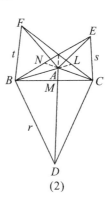
(2)

图 10.6

由于 M,N,L 中恰有两点外分 $\triangle ABC$ 的边,所以由例 10.5 后面的说明(或塞瓦定理)可知,AM,BN,CL 共点,即 AD,BE,CF 交于一点. □

练习题 9

1. 在例 10.1 中,如果 P 为圆周上任一点,结论是否成立?

2. 在例 10.2 中,把条件"$AMCD$ 和 $MBEF$ 为正方形"改为"$AMCD$ 和 $BEFM$ 为相似矩形",试证明结论成立.

3. $\triangle ABC$ 的外接圆的半径为 R,平面上任取一点 T,由 T 向 $\triangle ABC$ 的三边作垂线,垂足为 Q,P,S. 设 T 到圆心的距离为 d,求证:
$$S_{\triangle QPS} = \frac{1}{4R^2}|R^2 - d^2| \cdot S_{\triangle ABC}.$$

4. 已知梯形 $ABCD$ 上、下底的和等于腰 AB. $\angle A, \angle B$ 的平分线交于 E. 求证:C, D, E 三点共线.

5. 四边形 $ABCD$ 外切于 $\odot O$,M, N 分别为 AC, BD 的中点. 求证:M, N, O 三点共线.

6. 用面积关系证明:三角形的三条高交于一点.

7. 用塞瓦定理证明:三角形的三条中线、三条角平分线、三条高分别交于一点.

8. 用面积关系证明:在 $\triangle ABC$ 的三边 BC, CA, AB 上分别作正三角形 $\triangle BCD, \triangle CAF, \triangle ABF$,求证 AD, BE, CF 交于一点[此点叫做 $\triangle ABC$ 的"费马(Fermat)点"].

9. 用面积关系证明:在 $\triangle ABC$ 的三边 BC, CA, AB 上分别作正方形,正方形中心顺次为 D, E, F,求证 AD, BE, CF 交于一点.

11 利用面积关系做几何计算

计算题和证明题是相通的.有些证明题,特别是应用面积关系来做的时候,其证明过程就很像在计算.而一个计算题,如果题目中预先给出了计算的结果,便成了证明题.

利用面积关系作计算,基本方法仍然是列出面积方程.以下略举数例,读者不难触类旁通.

【例 11.1】 菱形 $BFDE$ 的三顶点 D,E,F 分别在 $\triangle ABC$ 的 AC,AB,BC 边上.已知 $AB=c$,$BC=a$.求菱形的周长(图 11.1).

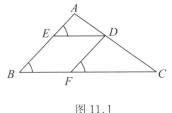

图 11.1

解 设菱形边长为 x,列出面积方程

$$S_{\triangle ABC} = S_{\triangle AED} + S_{\triangle DFC} + S_{\square BFDE},$$

由于 $\angle AED = \angle DFC = \angle B$,所以

$$\frac{1}{2}ac\sin B = \frac{1}{2}x(c-x)\sin B + \frac{1}{2}x(a-x)\sin B + x^2\sin B,$$

$$ac = x(c-x) + x(a-x) + 2x^2 = (a+c)x,$$

即

$$x = \frac{ac}{a+c}.$$

所以菱形周长为 $\dfrac{4ac}{a+c}$. □

有些题目,未知量涉及的三角形比较多,在列面积方程时就应当有所选择,尽可能地把那些同时联系着未知量和已知量的三角形列入方程.

【例 11.2】 ▱$ABCD$ 对角线的交点为 O. 在 AB 的延长线上任取一点 E, 连结 OE 交 BC 于 F. 已知 $AB=a$, $AD=c$, $BE=b$, 求 BF (图 11.2).

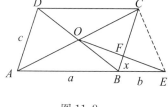

图 11.2

分析 和未知量 $x=BF$ 相联系的三角形颇多. 有 $\triangle BFE$, $\triangle BOF$, $\triangle BOE$, 而其中 $\triangle BOE$ 既有已知边 b, 又和有已知边 a 的 $\triangle OAB$ 共顶点; 同时, $\triangle BOE$ 和 $\triangle COE$ 共底 OE, 且已知线段 $BC=c$ 是它们的共线斜高的和. 因此, 我们可从 $\triangle OBE$ 入手.

解
$$\frac{S_{\triangle OBE}}{S_{\triangle OCE}}=\frac{BF}{FC}=\frac{x}{c-x},$$

又因为
$$AO=CO,$$

所以
$$\frac{S_{\triangle OCE}}{S_{\triangle OBE}}=\frac{S_{\triangle AOE}}{S_{\triangle OBE}}=\frac{AE}{BE}=\frac{a+b}{b},$$

$$\frac{x}{c-x}=\frac{b}{a+b}.$$

解得
$$x=\frac{bc}{a+2b}. \qquad \square$$

下面的例题,初看似乎颇难下手,但用面积关系来做,却特别简便.

【例 11.3】 已知 D, E 是 AB 的三分点,即 $AD = DE = EB$;以 DE 为直径作半圆,在半圆上任取一点 C(图 11.3).求证:
$$\tan\angle ACD \cdot \tan\angle BCE = \frac{1}{4}.$$

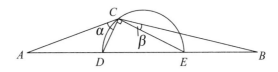

图 11.3

证明 令 $\angle ACD = \alpha, \angle BCE = \beta$,由于
$$S_{\triangle CAD} = \frac{1}{2} AC \cdot DC\sin\alpha,$$
$$S_{\triangle CAE} = \frac{1}{2} AC \cdot CE\sin(\alpha + 90°),$$
又 $AE = 2AD$,所以 $S_{\triangle CAE} = 2S_{\triangle CAD}$.

两式相比,得
$$\frac{1}{2} = \frac{S_{\triangle CAD}}{S_{\triangle CAE}} = \frac{DC\sin\alpha}{CE\sin(\alpha + 90°)}$$
$$= \frac{DC\sin\alpha}{CE\cos\alpha} = \frac{DC}{CE}\tan\alpha.$$

同理
$$\frac{1}{2} = \frac{S_{\triangle CBE}}{S_{\triangle CDB}} = \frac{CE}{DC}\tan\beta.$$

两式相乘,得
$$\frac{1}{4} = \frac{DC}{CE} \cdot \frac{CE}{DC}\tan\alpha \cdot \tan\beta = \tan\alpha \cdot \tan\beta. \qquad \square$$

【例 11.4】 在 $\triangle ABC$ 中,$\angle BAC = 60°$. $\angle BAC$ 的平分线交对边 BC 于 D. AD 为 BD,CD 的比例中项,求 $\angle ADB$,$\angle ADC$(图 11.4).

解 令 $\angle ADC = t$,由面积公式

$$2S_{\triangle ABD} = AB \cdot AD\sin 30°$$
$$= AB \cdot BD\sin B,$$
$$2S_{\triangle ACD} = AC \cdot AD\sin 30°$$
$$= AC \cdot DC\sin C.$$

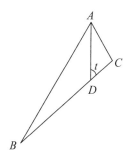

图 11.4

两式相乘,得

$$AB \cdot AC \cdot AD^2\sin^2 30°$$
$$= AB \cdot AC \cdot BD \cdot DC \cdot \sin B \sin C.$$

由题设 $AD^2 = BD \cdot DC$,又 $B = t - 30°$,$C = 180° - (t + 30°)$,所以

$$\sin^2 30° = \sin(t - 30°)\sin(t + 30°)$$
$$= \sin^2 t \cdot \cos^2 30° - \cos^2 t \cdot \sin^2 30°,$$

即

$$\sin^2 t - \frac{1}{4} = \frac{1}{4}.$$

解得 $\sin t = \frac{\sqrt{2}}{2}$. 由此可见,$\angle ADC$ 与 $\angle ADB$ 中,一角为 $45°$,另一角为 $135°$,看 AB,AC 谁大谁小而确定角的大小. □

下面的例题是 1960 年国际数学竞赛的试题,用面积关系来解似乎并不难.

【例 11.5】 已知直角 $\triangle ABC$ 斜边 BC 被分成 n 等分,n 为奇数. A 点对着含有斜边中点那一小段的张角为 α,h 为 BC 上的高,斜边的长为 a. 求证:

$$\tan\alpha = \frac{4nh}{(n^2 - 1)a}.$$

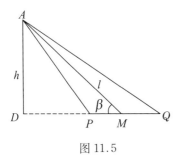

图 11.5

证明 我们先解如图 11.5 所示更为一般的问题:"已知 $\triangle APQ$ 的中线 $AM = l$,高 $AD = h$,以及 $PQ = 2d$,求 $\tan\angle PAQ$."

由面积公式,得

$$2S_{\triangle APQ} = AP \cdot AQ\sin\angle PAQ = 2dh, \tag{11.1}$$

再先后对 $\triangle APQ$,$\triangle APM$,$\triangle AQM$ 使用余弦定理,得

$$\begin{aligned}2AP &\cdot AQ\cos\angle PAQ \\ &= AP^2 + AQ^2 - PQ^2 \\ &= d^2 + l^2 - 2dl\cos\beta + d^2 + l^2 + 2dl\cos\beta - 4d^2 \\ &= 2(l^2 - d^2).\end{aligned} \tag{11.2}$$

式(11.1)÷式(11.2),得

$$\tan\angle PAQ = \frac{2dh}{l^2 - d^2}. \tag{11.3}$$

把原题条件 $l = \dfrac{a}{2}$,$d = \dfrac{a}{2n}$ 代入式(11.3),得

$$\tan\alpha = \frac{\dfrac{a}{n} \cdot h}{\left(\dfrac{a}{2}\right)^2 - \dfrac{a^2}{4n^2}} = \frac{4ahn}{a^2(n^2 - 1)} = \frac{4nh}{a(n^2 - 1)}. \quad \square$$

下面,我们利用练习题 9 第 3 题的结果,导出关于三角形内心与外心距离的公式——**欧拉(Euler)公式**.

设 $\triangle ABC$ 外接圆圆心为 O,内切圆圆心为 I,外接圆和内切圆的半径分别为 R,r.求证:$OI^2 = R^2 - 2Rr$.

证明 设 $\odot I$ 切 $\triangle ABC$ 三边于 Q,P,S,则 I 关于 $\triangle ABC$ 的垂足三角形为 $\triangle QPS$.由面积公式得

$$S_{\triangle QPS} = \frac{1}{2}r^2\sin(180° - A) + \frac{1}{2}r^2\sin(180° - B)$$
$$+ \frac{1}{2}r^2\sin(180° - C)$$
$$= \frac{1}{2}r^2(\sin A + \sin B + \sin C)$$
$$= \frac{1}{2}r^2 \cdot \frac{1}{2R}(2R\sin A + 2R\sin B + 2R\sin C)$$
$$= \frac{r}{2R} \cdot \frac{r}{2}(a + b + c) = \frac{r}{2R}S_{\triangle ABC}.$$

将上述结果代入垂足三角形面积公式(练习题9第3题)得

$$S_{\triangle QPS} = \frac{1}{4R^2}|R^2 - d^2| \cdot S_{\triangle ABC}.$$

这里，$d^2 = OI^2$，而且显然 $R^2 - OI^2 > 0$，所以

$$\frac{r}{2R} = \frac{1}{4R^2}(R^2 - OI^2),$$

所以

$$OI^2 = R^2 - 2Rr. \qquad \square$$

练 习 题 10

1. 在 $\triangle ABC$ 中，BO 为 $\angle ABC$ 的平分线，在 AB 的延长线上任取一点 E，连结 OE 交 BC 于 F. 已知 $AB = c$, $BC = a$, $BE = d$. 求 BF.

2. 在 $\triangle ABC$ 中，已知 $\angle A$ 和 a. 又 BC 边上的中线 AD 是 AB, AC 的比例中项. 试求 AD 的长和 $\sin\angle ADC$.

3. $ABCD$ 为等腰梯形. $\odot O$ 与梯形的上底及两腰相切. 已知梯形的高为 5，下底为 4，$\odot O$ 的半径为 1. 求梯形的腰与下底夹角的余弦.

4. 如第 4 题图,在△ABC 三边上分别取点 D,E,F,使 $BD=2CD$,$CE=2AE$,$AF=2FB$,连结 AD,BE,CF 分别交于 P,Q,R 三点,求证:
$$S_{\triangle PQR} = \frac{1}{7} S_{\triangle ABC}.$$

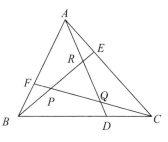

(第 4 题图)

5. 在上题中,设 $BD=\lambda CD$,$CE=\mu AE$,$AF=\rho BF$,求证:
$$S_{\triangle PQR} = \frac{(1-\lambda\mu\rho)^2 S_{\triangle ABC}}{(1+\mu+\lambda\mu)(1+\rho+\mu\rho)(1+\lambda+\lambda\rho)}.$$

6. 在矩形 $ABCD$ 中,对角线 BD 的延长线上取一点 P. 已知 $\tan\angle APC = 0.6$,$AB=1$,$AD=2$,求 PD.

7. 梯形对角线 AC 与 BD 相交于 O 点,AB 是梯形的一腰. 如果△AOD 和△BOC 的面积分别为 p^2,q^2,求梯形的面积.

8. 求△ABC 的旁心到外心的距离.

12　面积关系与几何不等式

前面所举的例子,还没涉及几何不等式.但是,对几何不等式的研究,近代已引起人们的广泛兴趣;谈到几何证题而忽略了几何不等式,会使人感到不满足.这两章专门来谈面积关系在证明几何不等式时的运用.

几何不等式五花八门、变化繁多.但究其根源,都是从最基本的代数不等式和最基本的几何不等式推演而得.

最基本的代数不等式是 $x^2 \geqslant 0$,等号当且仅当 $x=0$ 时成立,其几何意义可理解为"边长不为 0 的正方形其面积恒为正".从这个不等式向前再走一走,便得到平均不等式的一种形式:

$$x^2 + y^2 \geqslant 2xy.$$

众所周知,这个不等式可以用面积关系说明,如图 12.1 所示,阴影部分面积恰为 $2xy$,所以 $x^2 + y^2$ 比 $2xy$ 多出了正方形 * 之面积.

另一方面,最基本的几何不等式是:"在任意三角形中,大边对大角,大角对大边."这个事实也容易从面积关系导出.事实上,由三角形面积公式得

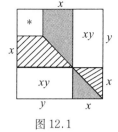

图 12.1

$$\frac{1}{2}ab\sin C = \frac{1}{2}ac\sin B,$$

约去 $a/2$，得 $b\sin C = c\sin B$. 当 $b>c$ 时，$\sin B>\sin C$，反之亦成立.

但是，$\sin B>\sin C$ 和 $B>C$ 是不是等价的呢？容易用面积包含关系证明.

【例 12.1】 如果 $\alpha>0, \beta>0, \alpha+\beta<\pi$，那么不等式 $\alpha>\beta$ 和 $\sin\alpha>\sin\beta$ 等价.

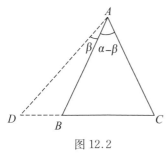

图 12.2

证明 如图 12.2，作顶角 $A=\alpha-\beta$ 的等腰 $\triangle ABC$，在 CB 的延长线上取一点 D，使 $\angle DAB=\beta$.（为什么可能？）那么显然有
$$S_{\triangle ADC}>S_{\triangle ADB},$$
即
$$\frac{1}{2}AD \cdot AC\sin\alpha > \frac{1}{2}AD \cdot AB\sin\beta,$$
由 $AB=AC$，即得 $\sin\alpha>\sin\beta$. 又因为 $\alpha=\beta$ 时 $\sin\alpha=\sin\beta$，所以可知当 $\sin\alpha>\sin\beta$ 时必有 $\alpha>\beta$. □

请读者注意：$\alpha+\beta<\pi$ 这个条件不可少. 并请想一想：在证明过程中，什么地方用到了条件 $\alpha+\beta<\pi$？

从最基本的几何不等式"三角形中大边对大角、大角对大边"出发再走一步，便得到另一个简单而又用途广泛的命题"三角形两边之和大于第三边". 这个命题也可以由其他途径得到. 例如，由余弦定理，得
$$a^2=b^2+c^2-2bc\cos A<b^2+c^2+2bc=(b+c)^2,$$
所以
$$a<b+c.$$
或者，用正弦定理，易知 $a<b+c$ 等价于

$$\sin A < \sin B + \sin C$$

（为什么？），因为

$$\sin A = \sin(B+C) = \sin B\cos C + \cos B\sin C < \sin B + \sin C,$$

从而可证得所要的不等式.

但是，在前面已经指出，正弦定理、和角公式、余弦定理都可以从面积关系导出，由此可见，基本的代数、几何、三角不等式，都是和面积关系相通的.因此，当我们看到许多其他的几何不等式可以利用面积关系加以证明时，就不应当惊奇了.

应用面积关系证明不等式，大体上有两类方法：

（1）面积模型法：把所要证的不等式的两端用两块面积表示，然后用割补法或面积包含关系证明一块比另一块大.如对不等式 $x^2+y^2 \geqslant 2xy$ 的说明及例 12.1，都用了面积模型法.

（2）等式转化法：先利用面积关系导出一些等式，从这些等式出发，或者放大、缩小某一端，或者和某些已知的不等式配合，可以导出所要的不等式.

例如，前面用余弦定理证明"三角形两边之和大于第三边"，便是"等式转化法"的简单例子.绝大多数不等式可由等式转化而证得.

用面积模型法证明的，一般都是一些简单的几何不等式，请看下面两例.

【例 12.2】 如果 $\dfrac{\pi}{2} > x_1 > x_2 > 0$，求证：

$$\frac{\tan x_1}{x_1} > \frac{\tan x_2}{x_2}.$$

证明 作直角三角形 OAC 使 $A=90°$，$\angle COA=x_1$，在 AC 上取 B 点，使 $\angle BOA=x_2$.过 B 作以 O 为圆心的圆弧交 OC 于 D、交 OA 的延长线于 E（图 12.3），于是

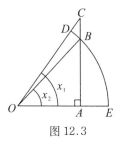

图 12.3

$$\frac{\tan x_1}{\tan x_2} = \frac{S_{\triangle OAC}}{S_{\triangle OAB}} = 1 + \frac{S_{\triangle OBC}}{S_{\triangle OAB}}$$

$$> 1 + \frac{\text{扇形 } OBD \text{ 面积}}{\text{扇形 } OEB \text{ 面积}}$$

$$= 1 + \frac{x_1 - x_2}{x_2}$$

$$= \frac{x_1}{x_2}. \qquad \Box$$

【例 12.3】 在 $\triangle ABC$ 内任取一点 P. 连结 AP, BP, CP 分别交对边于 A', B', C'. 那么在比值 $\dfrac{AP}{PA'}$, $\dfrac{BP}{PB'}, \dfrac{CP}{PC'}$ 中,必有不大于 2 者,也必有不小于 2 者(图 12.4).

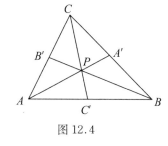

图 12.4

证明 不妨设

$$S_{\triangle PAB} \leqslant S_{\triangle PBC} \leqslant S_{\triangle PCA},$$

那么

$$S_{\triangle PAB} \leqslant \frac{1}{3} S_{\triangle ABC}, \quad S_{\triangle PCA} \geqslant \frac{1}{3} S_{\triangle ABC}.$$

所以

$$\frac{PC'}{CC'} = \frac{S_{\triangle PAB}}{S_{\triangle ABC}} \leqslant \frac{1}{3},$$

即 $PC' \leqslant \dfrac{1}{3} CC'$,从而 $PC \geqslant \dfrac{2}{3} CC'$,所以

$$\frac{CP}{PC'} \geqslant 2.$$

同样,$\dfrac{PB'}{BB'} = \dfrac{S_{\triangle PCA}}{S_{\triangle ABC}} \geqslant \dfrac{1}{3}$,即 $PB' \geqslant \dfrac{1}{3} BB'$,从而 $PB \leqslant \dfrac{2}{3} BB'$,所以 $\dfrac{BP}{PB'}$ $\leqslant 2.$ $\qquad \Box$

以上两题,证起来似乎很轻松,却都是国外的中学生数学竞赛试题.应用面积模型,还可以毫不费力地证明不等式

$$\sin x < x < \tan x \quad \left(0 < x < \frac{\pi}{2}\right).$$

这只要分析一下图 12.5 就可证实了. 图中 $\overset{\frown}{AC}$ 是以 O 为心、半径为 1 的弧,则有

$$S_{\triangle OAC} = \frac{1}{2}\sin x,$$

$$S_{扇形 OAC} = \frac{1}{2}x,$$

$$S_{\triangle OAB} = \frac{1}{2}\tan x.$$

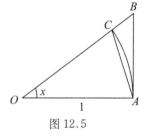

图 12.5

这个不等式,是微积分学中一个重要的极限式

$$\lim_{x \to 0} \frac{\sin x}{x} = 1$$

的来源.①

用等式转化法证明不等式是比较灵活的.

【例 12.4】 设 $\triangle ABC$ 三边为 a,b,c,角平分线为 p,q,r. 求证:

$$pqr \leqslant \frac{3\sqrt{3}}{8}abc.$$

证明 如图 12.6 所示,已知

$$p = AD, \quad q = BE, \quad r = CF,$$

由于

$$S_{\triangle ABC} = S_{\triangle ABD} + S_{\triangle ACD},$$

所以

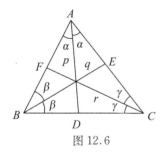

图 12.6

---

① 由 $\sin x < x$,得 $\frac{\sin x}{x} < 1$;由 $x < \tan x$,得 $\cos x < \frac{\sin x}{x}$,即当 $0 < x < \frac{\pi}{2}$ 时,$\cos x < \frac{\sin x}{x} < 1$,令 $x \to 0$,$\cos x \to 1$,即得 $\frac{\sin x}{x} \to 1$.

$$\frac{1}{2}bc\sin 2\alpha = \frac{1}{2}cp\sin\alpha + \frac{1}{2}bp\sin\alpha,$$

整理,得
$$2bc\cos\alpha = p(b+c).$$

同理,得
$$2ac\cos\beta = q(a+c),$$
$$2ab\cos\gamma = r(a+b).$$

三式相乘,得
$$8(abc)^2\cos\alpha\cos\beta\cos\gamma = pqr(a+b)(b+c)(c+a), \quad (12.1)$$

再利用平均不等式
$$a+b \geqslant 2\sqrt{ab}, \quad b+c \geqslant 2\sqrt{bc}, \quad c+a \geqslant 2\sqrt{ac},$$

将式(12.1)转化为
$$pqr \leqslant abc\cos\alpha\cos\beta\cos\gamma$$
$$\leqslant abc\left(\frac{\cos\alpha+\cos\beta+\cos\gamma}{3}\right)^3$$
$$\leqslant abc\cos^3\left(\frac{\alpha+\beta+\gamma}{3}\right) = \frac{3\sqrt{3}}{8}abc. \quad \square$$

以上证明的最后一步,用到不等式
$$\frac{\cos\alpha+\cos\beta+\cos\gamma}{3} \leqslant \cos\frac{\alpha+\beta+\gamma}{3}$$

$\left(0 \leqslant \alpha \leqslant \frac{\pi}{2}, 0 \leqslant \beta \leqslant \frac{\pi}{2}, 0 \leqslant \gamma \leqslant \frac{\pi}{2}; \alpha+\beta+\gamma \geqslant \frac{\pi}{2}\right)$,而它等价于

$$\frac{\sin\lambda+\sin\mu+\sin\rho}{3} \leqslant \sin\frac{\lambda+\mu+\rho}{3}$$

$(\lambda \geqslant 0, \mu \geqslant 0, \rho \geqslant 0, \lambda+\mu+\rho \leqslant \pi)$. 这个不等式用面积模型来证明并不难,事实上,我们有更为一般的结论,即:

【例 12.5】 如果 $A>0, B>0, A+B\leqslant\pi$，又有 $A^*+B^*=A+B$，而且
$$A\geqslant A^*\geqslant B^*\geqslant B,$$
那么必有
$$\sin A+\sin B\leqslant\sin A^*+\sin B^*.$$

证明 在以 O 为圆心、以 $\sqrt{2}$ 为半径的圆上，取 M, N, P, Q 四点(图 12.7)，并使
$$\angle MOQ=A^*,$$
$$\angle QON=B^*,$$
$$\angle MOP=A,$$
$$\angle PON=B.$$

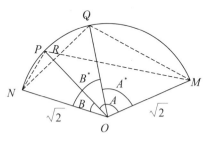

图 12.7

显然有
$$\sin A^*+\sin B^*=S_{\triangle MOQ}+S_{\triangle QON}$$
$$=S_{\triangle MOP}+S_{\triangle PON}+S_{\triangle MQR}-S_{\triangle NPR}$$
$$=\sin A+\sin B+(S_{\triangle MQR}-S_{\triangle NPR}).$$

由于 $S_{\triangle MQR}\backsim S_{\triangle NPR}$，而且 $A^*\geqslant B$，所以 $MQ\geqslant NP$，从而可得 $S_{\triangle MQR}-S_{\triangle NPR}\geqslant 0$(等号当且仅当 P, Q 重合，即 $A^*=A$ 时成立). 于是
$$\sin A^*+\sin B^*\geqslant\sin A+\sin B,$$
等号仅当 A, B 和 A^*, B^* 一致时成立. □

在上述证明中可看到，当 $A^*=B^*=\dfrac{A+B}{2}$ 时，有
$$\frac{1}{2}(\sin A+\sin B)\leqslant\sin\frac{A+B}{2}.$$

连用这个命题 $n-1$ 次，可得到很有用的三角不等式

$$\frac{1}{n}(\sin\alpha_1+\cdots+\sin\alpha_n)\leqslant \sin\frac{1}{n}(\alpha_1+\cdots+\alpha_n)$$

$(\alpha_i\geqslant 0,\alpha_1+\alpha_2+\cdots+\alpha_n\leqslant\pi)$.

下面的例题是 1979 年美国数学奥林匹克竞赛题,用面积关系来证,相当容易.

【例 12.6】 在 $\angle A$ 内有一定点 P,过 P 作直线交两边于 B,C,问 $\dfrac{1}{PB}+\dfrac{1}{PC}$ 何时取得最大值?

解 如图 12.8,令

$$\angle PAB=\alpha,\quad \angle PAC=\beta.$$

在 BC 上取 D 使 $AD\perp BC$,设 $AD=h$,并用 S_1,S_2 分别表示 $\triangle ABP$,$\triangle ACP$ 的面积,根据面积公式有

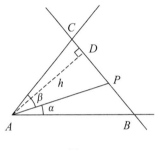

图 12.8

$$\frac{1}{PC}+\frac{1}{PB}=\frac{h}{2}\left(\frac{1}{S_1}+\frac{1}{S_2}\right)=\frac{h}{2}\cdot\frac{S_{\triangle ABC}}{S_1 S_2}$$

$$=\frac{h}{2}\cdot\frac{2AB\cdot AC\cdot\sin(\alpha+\beta)}{AB\cdot AC\cdot AP^2\sin\alpha\cdot\sin\beta}$$

$$=h\cdot\frac{\sin(\alpha+\beta)}{AP^2\sin\alpha\cdot\sin\beta}$$

$$\leqslant\frac{\sin(\alpha+\beta)}{AP\sin\alpha\cdot\sin\beta}.$$

上式右边为常数,所以,当 $h=AP$,即 $BC\perp AP$ 时,$\dfrac{1}{PC}+\dfrac{1}{PB}$ 取得最大值. □

另外,关于面积的一些不等式的证明离不开面积关系,限于篇幅,此处从略.有兴趣的读者可参看单墫著《几何不等式》、蔡宗熹著《等周问题》等.

练习题 11

1. 已知点 G 是 $\triangle ABC$ 的重心,过 G 点作直线分别交三角形的边 AB, AC 于 E, F. 求证:$EG \leqslant 2GF$.

2. 求证:如果四面体的各个二面角都为锐角,那么这六个二面角的余弦的几何平均值不超过 $\dfrac{1}{3}$.

3. (1) 如果锐角 α, β, γ 的和为 $90°$. 求证:
$$\sin\alpha + \sin\beta + \sin\gamma \geqslant 1.$$
(2) 如果锐角 α, β, γ 满足 $\alpha + \beta - \gamma = 90°$. 求证:
$$\sin\alpha + \sin\beta - \sin\gamma \geqslant 1.$$

4. 在正 $\triangle ABC$ 内任取一点 P,自 P 向 $\triangle ABC$ 三边作垂线 PD, PE, PF;D, E, F 为垂足,Q 为平面上任一点. 求证:
$$QD + QE + QF \geqslant PD + PE + PF,$$
等号当且仅当 P, Q 重合时成立.

5. $\triangle ABC$ 是正三角形,P 为平面上任一点,求证:$PA + PB \geqslant PC$. 在什么情况下等式成立?

6. 凸四边形 $ABCD$ 对角线 AC, BD 相交于 O,如果 $S_{\triangle ADO} \geqslant S$,$S_{\triangle BCO} \geqslant S$,求证:$S_{\triangle ABO} + S_{\triangle CDO} \geqslant 2S$.

7. 在凸四边形 $ABCD$ 中,求证:
$$\dfrac{AB+CD}{2} \cdot \dfrac{BC+AD}{2} \geqslant \dfrac{1}{2} AC \cdot BD.$$

8. 求证:对任意 $\triangle ABC$ 有 $a^2 + b^2 + c^2 \geqslant 4\sqrt{3} \cdot S_{\triangle ABC}$.

9. 在 $\triangle ABC$ 内任取一点 P,由 P 向三边作垂线,垂线的长为 p, q, r;又点 P 到三顶点的距离为 x, y, z. 求证:

(1) $pqr \leqslant \dfrac{1}{8} xyz$；

(2) $pqr \leqslant \dfrac{\sqrt{3}}{72} abc$.

10. 已知 $a_1 \geqslant a_2 \geqslant \cdots \geqslant a_n$；$a_1 + a_2 + \cdots + a_n = 300$；而 $a_1^2 + a_2^2 + \cdots + a_n^2 \geqslant 10\ 000$. 求证：$a_1 + a_2 + a_3 > 100$.

11. $\triangle ABC$ 外接圆半径为 R，内切圆半径为 r. 求证：

$2r \leqslant R$　　或　　$r \leqslant \dfrac{2}{3} (\sin A \cdot \sin B \cdot \sin C)^{\frac{2}{3}} R$.

12. $\triangle ABC$ 外接圆半径为 R，求证：$a^2 + b^2 + c^2 \leqslant 9R^2$.

13 几个著名定理的面积证法

这一章,我们来证明三个与不等式有关的著名定理.有趣的是,这三个定理在证明过程中都用到了面积关系.

第一个与史坦纳(Steiner)问题有关.所谓史坦纳问题是这样的:有 A,B,C 三个村庄,各村庄的小学生人数分别为 a,b,c,把学校建在什么地方,才能使所有学生所走的路程总和最短? 即:给了平面上三个点,如何在三点所在的平面上选取点 P,使 $aPA+bPB+cPC$ 取得最小值?

容易证明,P 点在 $\triangle ABC$ 的外部是一定不行的.下面的定理告诉我们,应当如何在 $\triangle ABC$ 之内选择点 P.

【例 13.1】 **史坦纳(Steiner)定理** 设点 M 是 $\triangle ABC$ 内一点,使

$$\frac{\sin\angle BMC}{a}=\frac{\sin\angle CMA}{b}=\frac{\sin\angle AMB}{c},$$

又设 P 为 $\triangle ABC$ 内任一点.求证:
$$aPA+bPB+cPC\geqslant aMA+bMB+cMC.$$
其等号仅当 P 与 M 重合时成立.

证明 如图 13.1,过 A,B,C 分别作 MA,MB,MC 之垂线.设三垂线构成了三角形 DEF,那么

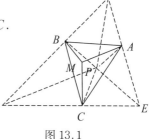

图 13.1

$$\sin D = \sin\angle BMC,$$
$$\sin E = \sin\angle CMA,$$
$$\sin F = \sin\angle AMB.$$

由正弦定理和题设的比例式,得

$$\frac{EF}{a} = \frac{DF}{b} = \frac{DE}{c} = k \quad (k > 0).$$

由面积公式,得

$$S_{\triangle DEF} = S_{\triangle FME} + S_{\triangle FMD} + S_{\triangle DME}$$
$$= \frac{1}{2}(EF \cdot MA + FD \cdot MB + DE \cdot MC)$$
$$= \frac{k}{2}(a \cdot MA + b \cdot MB + c \cdot MC).$$

另一方面有

$$\frac{k}{2}(a \cdot PA + b \cdot PB + c \cdot PC)$$
$$= \frac{1}{2}(EF \cdot PA + FD \cdot PB + DE \cdot PC)$$
$$\geqslant S_{\triangle PEF} + S_{\triangle PDF} + S_{\triangle PDE} = S_{\triangle DEF}.$$

所以

$$\frac{k}{2}(a \cdot PA + b \cdot PB + c \cdot PC)$$
$$\geqslant \frac{k}{2}(a \cdot MA + b \cdot MB + c \cdot MC).$$

想要等号成立,显然,必须有 $EF \perp PA, FD \perp PB, DE \perp PC$ 同时成立,也就是 P 点与 M 点必须重合.

读者容易发现,假设 P 点在 $\triangle ABC$ 内的条件是多余的. 也就是说: P 是平面上任意一点时,所证的不等式仍然成立. 不过要细致地进行讨论.

另外,满足题设条件的 M 是否一定在 $\triangle ABC$ 内存在呢? 显然不见得. 因为, 如果这样的 M 存在, 一定有一个非退化三角形, 它的三边分别为 a, b, c. 这样 a, b, c 三个数中任一个必须小于另两个之和. 如果不然, 例如: $a \geqslant b+c$, 这时, 它的解就是把学校设在学生最多的那个村庄. 想一想, 为什么?

另外, 即使存在 $\triangle DEF$, 使它的三边分别与 a, b, c 成比例, 显然还应当有

$$\angle AMB > \angle ACB, \quad \angle CMA > \angle CBA, \quad \angle BMC > \angle BAC;$$

也就是说, $\triangle DEF$ 的三个角 D, E, F 和 $\triangle ABC$ 的三个角 A, B, C 之间还应当有(位置如图 13.1)

$$E+F > A, \quad D+F > B, \quad D+E > C.$$

如果不然, 当 $E+F \leqslant A$ 时, 学校应设在 A 处, 等等. 这些, 这里不再细细讨论了.

取 $a = b = c$ 的特例, 所得的 M 点显然应当满足 $\angle AMB = \angle BMC = \angle CMA = 120°$. 这样的点 M 到 A, B, C 三点距离之和最小, M 叫做 $\triangle ABC$ 的费马点. 有趣的是: 如果分别在 $\triangle ABC$ 三边上向外作正三角形 $\triangle BCL, \triangle CAM, \triangle ABN$, 则 LA, MB, NC 三直线恰好交于 $\triangle ABC$ 的费马点 M. 这一点, 请读者参考练习题 9 第 10 题自己加以思考[①].

【例 13.2】 光线由 A 到 B, 在介质分界面 l 上折射. 设 C 为 l 上一点, 直线 AC, BC 与 l 所夹锐角分别为 θ_1, θ_2, 又设 C' 是 l 上另一点. 求证: 当 v_1, v_2 (光线在两种不同介质中的速度) 满足

---

① 关于这种特例的另一种证法还可参看 1978 年全国数学竞赛陕西省赛题的题解.

时，必有

$$v_1 : v_2 = \cos\theta_1 : \cos\theta_2$$

$$\frac{AC'}{v_1} + \frac{BC'}{v_2} > \frac{AC}{v_1} + \frac{BC}{v_2}.$$

所要证的不等式的物理意义是：光线按折射定律运行时，所费时间最少.因而，如果我们承认了费马(Fermat)的光行最速原理，由这一数学命题，便可推出光的折射律.

有趣的是：这个数学命题的提出，虽然已有三百多年了.但直到近代，还有好几位数学家，认为用初等几何或初等三角方法(即不用微积分)来证明它是很困难的.其实不然，人们后来发现这个命题的初等证法相当多，而且最早可追溯到 1690 年惠更斯(Huygens)的证法.有兴趣的读者可参看《初等数学论丛》(3)上铁铮的文章.下面提供一个应用面积关系的证法.

证明 设 B^* 是 B 点关于 l 的对称点(图 13.2)，即

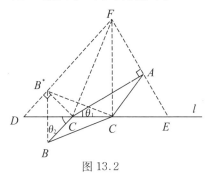

图 13.2

$$B^* C = BC, \quad B^* C' = BC'.$$

过 A, B^* 分别作 CA, CB^* 的垂线，顺次交 l 于 E, D；两直线交于 F. 在 $\triangle DEF$ 中，有

$$EF \cdot C'A + DF \cdot C'B^* > 2(S_{\triangle C'EF} + S_{\triangle C'DF})$$

$$= 2S_{\triangle DEF} = 2(S_{\triangle CEF} + S_{\triangle CDF})$$
$$= EF \cdot CA + DF \cdot CB^*.$$

由正弦定理,得
$$\frac{EF}{DF} = \frac{\sin\angle FDE}{\sin\angle FED} = \frac{\cos\theta_2}{\cos\theta_1} = \frac{v_2}{v_1},$$

所以
$$v_2 \cdot AC' + v_1 \cdot B^*C' > v_2 \cdot AC + v_1 \cdot B^*C.$$

两端除以 $v_1 v_2$,并以 BC',BC 分别代替 B^*C',B^*C,即得所要证的不等式. □

第三个例子,是托勒密不等式.

【**例 13.3**】 如图 13.3,设 $ABCD$ 是凸四边形,求证:
$AC \cdot BD \leqslant AB \cdot CD + AD \cdot BC$,
等号当且仅当 A,B,C,D 共圆时成立.

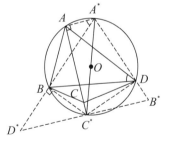

图 13.3

证明 等式成立的情形,我们在第 8 章已证明过了,这里,我们用面积关系再给出一个证明.

作 $\triangle ABD$ 的外接圆 $\odot O$,不妨设 C 不在圆外(否则可换作 $\triangle ABC$ 的外接圆,D 不在圆外).连结 AC,并延长交 $\overparen{BD}$ 于 C^*.过 C^* 作直径 A^*C^*,作直线 A^*B,A^*D,又过 C^* 作直线平行于 AA^* 分别交直线 A^*B,A^*D 于 D^*,B^*.于是
$$\angle BAD = \angle B^*A^*D^*, \quad \angle D^* = \angle AA^*B = \angle ADB,$$
所以
$$\triangle ABD \circlearrowleft \triangle A^*B^*D^*.$$

$$A^*B^* = kAB, \quad A^*D^* = kAD, \quad B^*D^* = kBD,$$

而且 AC^* 等于 $\triangle A^*B^*D^*$ 在 B^*D^* 上的高. 因而

$$BC^* \cdot A^*D^* + DC^* \cdot A^*B^* = 2(S_{\triangle A^*C^*D^*} + S_{\triangle A^*C^*B^*})$$
$$= 2S_{\triangle A^*B^*D^*} = AC^* \cdot B^*D^*.$$

所以

$$BC^* \cdot AD + DC^* \cdot AB = AC^* \cdot BD.$$

由此可见,如果 A,B,C,D 共圆,即 C 与 C^* 重合时,所要证的不等式等号成立.

如果 C 与 C^* 不重合,那么 BC, DC 不都垂直于 A^*D^*, A^*B^*,因而

$$BC \cdot A^*D^* + CD \cdot A^*B^* + CC^* \cdot B^*D^*$$
$$> 2(S_{\triangle A^*D^*C} + S_{\triangle A^*B^*C} + S_{\triangle B^*D^*C})$$
$$= 2S_{\triangle A^*B^*D^*} = AC^* \cdot B^*D^*.$$

所以

$$BC \cdot A^*D^* + CD \cdot A^*B^* > (AC^* - CC^*) \cdot B^*D^*$$
$$= AC \cdot B^*D^*.$$

再以 $A^*B^* = kAB$ 等代入,即得所要证的不等式. □

附带提一句,托勒密不等式对任意四边形也成立. 其他情形,略加讨论,就可化为凸四边形的情形,这里从略.

14 带号面积和面积坐标

前面提到的面积,都是正的,但如果引进了带负号的面积,有时更为方便.

按通常的约定,一个简单多边形的面积的正负,依照所规定的边界"走向"而定:如果指定边界走向为逆时针方向,那么面积为正;如果边界走向为顺时针方向,那么面积为负.至于边界的走向,可以在图上用箭头表示,也可以用顶点的排列顺序表明(图 14.1).

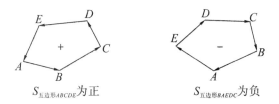

图 14.1

以后,为了区别带号与不带号面积,我们在表示面积的符号上划一横线,以表示带号面积.如

$$\overline{S}_{四边形 ABCD} = -\overline{S}_{四边形 DCBA},$$

$$\overline{S}_{\triangle ABC} = -\overline{S}_{\triangle BAC},$$

等等.

采用带号面积,可以更为简洁地表达一些几何事实.例如,凸四边形 $ABCD$ 的面积等于 $\triangle ABD$ 与 $\triangle BCD$ 面积的和,可表达为

$S_{四边形ABCD} = S_{\triangle ABD} + S_{\triangle BCD}$；如果 C 点在 $\triangle ABD$ 的内部，那么四边形 $ABCD$ 的面积可表达为

$$S_{四边形ABCD} = S_{\triangle ABD} - S_{\triangle BCD}.$$

如果采用带号面积的记法，就可以统一表达为

$$\overline{S}_{四边形ABCD} = \overline{S}_{\triangle ABD} + \overline{S}_{\triangle BCD}.$$

读者自己可检验如图 14.2 所示的四边形，不论 $ABCD$ 是顺时针还是逆时针旋转，这个关系总是成立的。有趣的是，两个三角形相合并时，公共边界上的走向彼此相反。把这条走向相反的边"抵消"后，剩下的恰是所并得的图形。

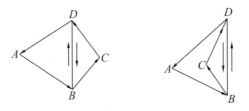

图 14.2

类似地，引进"有向角"的概念。约定，如果 $\triangle ABC$ 的顶点 A—B—C 按逆时针方向旋转，那么 $\angle ABC$ 为正角，反之为负角，并有记号 $\measuredangle ABC$ 表示有向角。显然，$\measuredangle ABC$ 所表示的正是由 $\overline{BC}$ 转到 $\overline{BA}$ 所转过的角度。按照这种记法，三角形带号面积公式为

$$\overline{S}_{\triangle ABC} = \frac{1}{2}bc\sin\measuredangle CAB$$
$$= \frac{1}{2}ac\sin\measuredangle ABC = \frac{1}{2}ab\sin\measuredangle BCA.$$

而四边形带号面积公式为

$$\overline{S}_{四边形ABCD} = \frac{1}{2}AC \cdot BD\sin(\widehat{\overrightarrow{AC},\overrightarrow{BD}}).$$

这里 $\overrightarrow{AC},\overrightarrow{BD}$ 表示由 $\overrightarrow{AC}$ 到 $\overrightarrow{BD}$ 所转过的角. 这样的公式, 把各种情形都统一起来了. 即使在 AB 和 CD 相交时, 它仍有意义, 这时 $\overline{S}_{四边形ABCD}$ 表示的是 $ABCD$ 由于边自交而形成的两块面积的代数和(图 14.3). 这一点, 请读者自己检验.

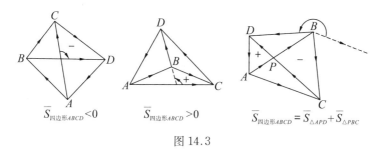

图 14.3

当把三角形面积比化为线段比时, 可以相应地采用有向线段和带号比值. 这样, 在第 6 章里讲过的比例定理对于带号面积的比依然成立. 即

比例定理 如果直线 PQ 交直线 AB 于 M(参见图 6.1), 那么

$$\frac{\overline{S}_{\triangle PAB}}{\overline{S}_{\triangle QAB}} = \frac{\overline{PM}}{\overline{QM}}.$$

式中的正、负号, 留给读者自己验证.

关于张角关系, 一般表述如下:

张角关系 由 P 点发出三射线 PA, PB, PC; A, B, C 三点共线的充要条件是

$$\frac{\sin \angle APB}{PC} = \frac{\sin \angle CPB}{PA} + \frac{\sin \angle APC}{PB}.$$

或者写成

$$\frac{\sin \angle BPC}{PA} + \frac{\sin \angle CPA}{PB} + \frac{\sin \angle APB}{PC} = 0.$$

这样,在已知条件中就不必加上"点 C 在 AB 上"之类的说明了.

我们用带号面积、有向角、带号比值叙述面积公式、张角关系、比例定理这些基本命题之后,就可以使过去证明过的许多结论应用得更为广泛,证明更为简洁.例如,正弦加法定理和正弦减法定理便可以统一起来,例 8.1 中的 P 点可取在 $\triangle ABC$ 的外部(但结论用带号比值表示,三个比值之积为 -1),例 10.6 的证明也可不再分两种情形讨论,等等,读者不妨自己验证一下这些结论.

在带号面积的基础上,我们初步介绍一下"面积坐标"的概念、方法和基本公式.

在平面上任取一个三角形 $\overline{\triangle A_1 A_2 A_3}$,我们把它叫做**坐标三角形**. A_1, A_2, A_3 叫做**基点**.对于平面上任一点 M,就有三个三角形:$\overline{\triangle MA_2 A_3}$, $\overline{\triangle MA_3 A_1}$, $\overline{\triangle MA_1 A_2}$,这三个三角形带号面积分别记作

$$s_1 = \overline{S}_{\triangle MA_2 A_3}, \quad s_2 = \overline{S}_{\triangle MA_3 A_1}, \quad s_3 = \overline{S}_{\triangle MA_1 A_2},$$

那么把数组 (s_1, s_2, s_3) 称为 M 的**面积坐标**,记作

$$M = (s_1, s_2, s_3).$$

显然,不同的点,它的坐标不会完全相同.但是,任给三个实数 x, y, z,这三个数不一定是某个点的面积坐标.因为容易验证

$$\overline{S}_{\triangle MA_2 A_3} + \overline{S}_{\triangle MA_3 A_1} + \overline{S}_{\triangle MA_1 A_2} = \overline{S}_{\triangle A_1 A_2 A_3},$$

即,取定坐标三角形后,平面上任意一点,它的面积坐标的和恒等于坐标三角形的带号面积.并记作 $s = \overline{S}_{A_1 A_2 A_3}$.如果 $s > 0$,把这个坐标系叫做右手系;$s < 0$,就叫做左手系.以下如果不加注明,所取的坐标系均为右手系.

容易看到,任给三个数 x, y, z,只要有

$$x + y + z = s,$$

那么 (x, y, z) 一定是平面上某点的面积坐标.由于这三个数中,有两

个数是独立的,所以有时只要写出其中任意两个就可以,例如:(a, b, $*$),(3, $*$, 2),或($*$, π, 7)等(其中 $*$ 表示 s 减去另两个坐标的差),都能表示某一个点.

另一种确定点 M 面积坐标 (s_1, s_2, s_3) 的方法是给出比值
$$s_1 : s_2 : s_3 = \mu_1 : \mu_2 : \mu_3,$$
这时,点 M 的面积坐标可记作
$$M = (\mu_1 : \mu_2 : \mu_3).$$
并把 $(\mu_1 : \mu_2 : \mu_3)$ 叫做点 M 的**齐次面积坐标**,通常也叫做**重心坐标**. 其物理意义是:如果给予 A_1, A_2, A_3 以质量 μ_1, μ_2, μ_3,那么质点 $A_1(\mu_1), A_2(\mu_2), A_3(\mu_3)$ 的重心恰在 M 处.重心坐标具有齐次性,即,对任意 $k \neq 0$,$(\mu_1 : \mu_2 : \mu_3)$ 和 $(k\mu_1 : k\mu_2 : k\mu_3)$ 代表同一个点.

不难写出面积坐标与重心坐标之间的换算公式
$$\begin{cases} M = (s_1, s_2, *) = (ks_1 : ks_2 : k(s - s_1 - s_2)), \\ M = (\mu_1 : \mu_2 : \mu_3) = \left(\dfrac{\mu_1 s}{\mu_1 + \mu_2 + \mu_3}, \dfrac{\mu_2 s}{\mu_1 + \mu_2 + \mu_3}, \dfrac{\mu_3 s}{\mu_1 + \mu_2 + \mu_3} \right). \end{cases}$$
如果 $\mu_1 + \mu_2 + \mu_3 = 1$,那么 $(\mu_1 : \mu_2 : \mu_3)$ 叫做**规范重心坐标**.

显然,A_1, A_2, A_3 的规范重心坐标分别是 $(1:0:0)$,$(0:1:0)$,$(0:0:1)$;当 M 在 A_1A_2 上时,它的第三坐标 $\mu_3 = 0$,在 A_2A_3,A_3A_1 上时,分别有 μ_1, μ_2 为 0.

坐标三角形的三边 A_2A_3,A_3A_1,A_1A_2 把平面分成 7 个区域,各区域的规范重心坐标的正、负号如图 14.4 所示.

刚才已指出,只要知道了 M 的面积坐标中的任意两实数,便可以确定点 M 的位置.习惯上常常用两个固定的坐标,例如

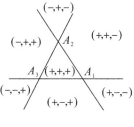

图 14.4

(s_1,s_2) 与 s 的比来表示 M,即

$$M=\left(\frac{s_1}{s},\frac{s_2}{s}\right),$$

这时,$\left(\frac{s_1}{s},\frac{s_2}{s}\right)$ 叫做点 M 在**仿射坐标系** $\{A_3,\overline{A_3A_1},\overline{A_3A_2}\}$ 下的仿射坐标. 类似地,$\left(\frac{s_2}{s},\frac{s_3}{s}\right)$,$\left(\frac{s_3}{s},\frac{s_1}{s}\right)$ 分别是点 M 在坐标系 $\{A_1,\overline{A_1A_2},\overline{A_1A_3}\}$ 和 $\{A_2,\overline{A_2A_3},\overline{A_2A_1}\}$ 下的仿射坐标. A_3,A_1,A_2 分别叫做该坐标系的**原点**.

显然,如果点 M 在仿射坐标系 $\{A_3,\overline{A_3A_1},\overline{A_3A_2}\}$ 下的坐标为 (x,y),那么对应的面积坐标为 $(sx,sy,*)$.

如果 $|\overline{A_3A_1}|=|\overline{A_3A_2}|=1$,且 $A_3A_1 \perp A_3A_2$,则称仿射坐标系 $\{A_3,\overline{A_3A_1},\overline{A_3A_2}\}$ 为**笛卡儿坐标系**,即通常惯用的直角坐标系.

这样,从面积出发,我们引入了面积坐标、重心坐标、仿射坐标和直角坐标,它们彼此间是互相联系的. 如果在面积坐标系里推出一个公式或方程,就可以变换成其他几种坐标系里的公式和方程.

下面,我们分别导出面积坐标系里的定比分点公式、直线方程、两点距离公式和三角形面积公式.

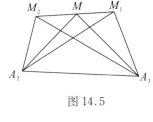

图 14.5

(1) 定比分点公式

如图 14.5 所示,如果点 M 在直线 M_1M_2 上,且 $\overline{M_1M}:\overline{MM_2}=\lambda:1$,$M=(s_1,s_2,s_3)$,$M_i=(s_1^i,s_2^i,s_3^i)(i=1,2)$. 求证:

$$s_j=\frac{s_j^1+\lambda s_j^2}{1+\lambda} \quad (j=1,2,3). \tag{14.1}$$

分析 要证 $s_j = \dfrac{s_j^1 + \lambda s_j^2}{1+\lambda}$，只要验证 $s_1 = \dfrac{s_1^1 + \lambda s_1^2}{1+\lambda}$ 就可以了，s_2，s_3 可类似地证得．

证明 根据 s_1 的定义有

$$\begin{aligned}
s_1^1 - s_1 &= \overline{S}_{\triangle M_1 A_2 A_3} - \overline{S}_{\triangle M A_2 A_3} = \overline{S}_{\triangle M_1 M A_3} - \overline{S}_{\triangle M_1 M A_2} \\
&= \lambda(\overline{S}_{\triangle M M_2 A_3} - \overline{S}_{\triangle M M_2 A_2}) \\
&= \lambda(\overline{S}_{\triangle M A_2 A_3} - \overline{S}_{\triangle M_2 A_2 A_3}) \\
&= \lambda(s_1 - s_1^2).
\end{aligned}$$

所以

$$s_1 = \frac{s_1^1 + \lambda s_1^2}{1+\lambda}.$$

由此可推出仿射坐标、直角坐标以及规范重心坐标系里的类似公式．但必须注意：在一般重心坐标系里类似公式并不成立．因为每个点的坐标可乘以任意因子，这就破坏了定比组合性质．

(2) 直线方程

从定比分点公式出发，设如前面一样的符号，那么它们的坐标必须满足下列方程组

$$\begin{cases}
(1+\lambda)s_1 - s_1^1 - \lambda s_1^2 = 0, \\
(1+\lambda)s_2 - s_2^1 - \lambda s_2^2 = 0, \\
(1+\lambda)s_3 - s_3^1 - \lambda s_3^2 = 0.
\end{cases}$$

消去参数 λ，得

$$\begin{vmatrix} s_1 & s_1^1 & s_1^2 \\ s_2 & s_2^1 & s_2^2 \\ s_3 & s_3^1 & s_3^2 \end{vmatrix} = 0. \tag{14.2}$$

这既是 M, M_1, M_2 三点共线的条件，也可以看成 M 的面积坐标 $(s_1,$

s_2, s_3)所满足的直线方程.

利用关系 $s_1 + s_2 + s_3 = s$,可从式(14.2)中消去一个坐标,化为

$$\begin{vmatrix} s_1 & s_1^1 & s_1^2 \\ s_2 & s_2^1 & s_2^2 \\ s & s & s \end{vmatrix} = 0.$$

或更简单地,有

$$\begin{vmatrix} s_1 & s_1^1 & s_1^2 \\ s_2 & s_2^1 & s_2^2 \\ 1 & 1 & 1 \end{vmatrix} = 0. \tag{14.3}$$

把式(14.3)的前两行除以 s,即得仿射坐标系里直线 $M_1 M_2$ 的方程,或 M, M_1, M_2 三点共线条件.把式(14.2)的各列分别乘以三个非 0 常数因子 k_1, k_2, k_3,即得在重心坐标系里的直线方程或共线条件

$$\begin{vmatrix} \mu_1 & \mu_1^1 & \mu_1^2 \\ \mu_2 & \mu_2^1 & \mu_2^2 \\ \mu_3 & \mu_3^1 & \mu_3^2 \end{vmatrix} = 0. \tag{14.4}$$

也可以不从定比分点公式出发,直接利用面积关系导出直线方程,分两种情形:

① 如果 l 与坐标三角形某条边平行,例如 $l /\!/ A_2 A_3$,那么显然有, l 上任意一点 $M(s_1, s_2, s_3)$ 满足

$$s_1 = \overline{S}_{\triangle M_0 A_2 A_3} = s_0.$$

这里 M_0 是 l 上某个固定的点.这个方程也可化为重心坐标形式.

$$\frac{s \mu_1}{\mu_1 + \mu_2 + \mu_3} = s_0,$$

即

$$(s - s_0)\mu_1 - s_0 \mu_2 - s_0 \mu_3 = 0. \tag{14.5}$$

② 如果 l 不与任一条边平行,不妨设 l 交 A_3A_1, A_3A_2 于 P, Q,那么 l 上任一点 $M(s_1, s_2, s_3)$ 的坐标 s_1, s_2 应满足的方程可由图 14.6 所示的面积关系导出,即

$$\overline{S}_{\triangle MQA_3} + \overline{S}_{\triangle MA_3P} = \overline{S}_{\triangle PQA_3},$$

而

$$\frac{\overline{S}_{\triangle MQA_3}}{\overline{S}_{\triangle MA_2A_3}} = \frac{\overline{S}_{\triangle MQA_3}}{s_1} = \frac{\overline{A_3Q}}{A_3A_2},$$

$$\frac{\overline{S}_{\triangle MA_3P}}{\overline{S}_{\triangle MA_3A_1}} = \frac{\overline{S}_{\triangle MA_3P}}{s_2} = \frac{\overline{A_3P}}{A_3A_1},$$

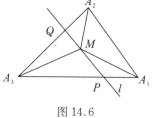

图 14.6

所以

$$\frac{\overline{A_3Q}}{A_3A_2} s_1 + \frac{\overline{A_3P}}{A_3A_1} s_2 = \overline{S}_{\triangle PQA_3}. \quad (14.6)$$

这仍是一个一次方程,因为 $\dfrac{\overline{A_3Q}}{A_3A_2}, \dfrac{\overline{A_3P}}{A_3A_1}, \overline{S}_{\triangle PQA_3}$ 都是与 l 有关的常数.

利用 $s_i = \dfrac{S\mu_i}{\mu_1 + \mu_2 + \mu_3}$ 代换,又可把式(14.6)化为重心坐标系里的齐次一次方程.

(*)重心坐标系里直线方程的系数的意义

我们已经知道,一次齐次方程

$$c_1\mu_1 + c_2\mu_2 + c_3\mu_3 = 0 \quad (14.7)$$

表示重心坐标系里的直线.那么,c_1, c_2, c_3 的几何意义又是什么呢?

设 A_1, A_2, A_3 到直线 l 的距离分别为 h_1, h_2, h_3,那么一定有

$$c_1 : c_2 : c_3 = h_1 : h_2 : h_3. \quad (14.8)$$

这里,点到直线的距离是带有符号的.约定:如果 A_1, A_2 位于 l 的同

侧,那么 h_1,h_2 同号,否则,h_1,h_2 异号.

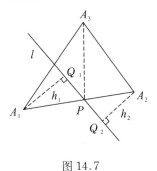

图 14.7

如图 14.7,设直线 l 交 A_1A_2 于 P,则点 P 的坐标为 $(\mu_1,\mu_2,0)$. 因点 P 在直线 l 上,所以
$$c_1\mu_1 + c_2\mu_2 = 0.$$
因此
$$\frac{\overline{A_1Q_1}}{\overline{A_2Q_2}} = \frac{\overline{A_1P}}{\overline{A_2P}} = \frac{\overline{S}_{\triangle A_1PA_3}}{\overline{S}_{\triangle A_2PA_3}} = -\frac{\overline{S}_{\triangle PA_3A_1}}{\overline{S}_{\triangle PA_2A_3}}$$
$$= -\frac{\mu_2}{\mu_1} = \frac{c_1}{c_2}.$$

即
$$h_1 : h_2 = c_1 : c_2,$$
同理可证
$$h_2 : h_3 = c_2 : c_3.$$

(3) 两点之间距离的公式

如图 14.8,设 $M = (s_1, s_2, s_3)$, $N = (t_1, t_2, t_3)$. 分别过 M,N 作 A_1A_3 的平行线交 A_3A_2 于 M',N', 作 A_3A_2 的平行线交 A_1A_3 于 M'', N'', 又设 MM' 与 NN'' 交于 P. 那么
$$\frac{\overline{MM'}}{\overline{A_1A_3}} = \frac{\overline{S}_{\triangle MA_2A_3}}{\overline{S}_{\triangle A_1A_2A_3}} = \frac{s_1}{s},$$
所以
$$\overline{MM'} = \frac{s_1}{s}\overline{A_1A_3},$$
同理

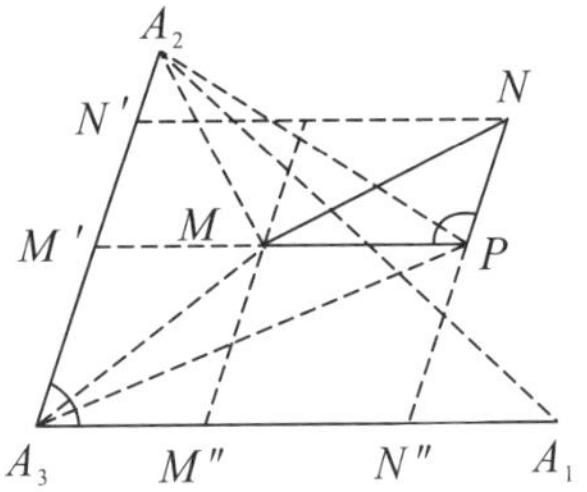

图 14.8

$$\overline{PM'} = \frac{t_1}{s}\overline{A_1A_3},$$

即
$$\overline{PM} = (t_1 - s_1) \cdot \frac{\overline{A_1A_3}}{s},$$

同理
$$\overline{NP} = \frac{(t_2 - s_2)}{s} \cdot \overline{A_2A_3}.$$

设 $|\overline{A_1A_3}| = a_2, |\overline{A_2A_3}| = a_1, |\overline{A_1A_2}| = a_3$，由余弦定理，得

$$\begin{aligned}|\overline{MN}|^2 &= |\overline{PM}|^2 + |\overline{NP}|^2 - 2|\overline{NP}| \cdot |\overline{PM}| \cdot \cos\angle MPN \\ &= \frac{1}{s^2}[a_2^2(t_1-s_1)^2 + a_1^2(t_2-s_2)^2 \\ &\quad + 2a_1a_2(t_1-s_1)(t_2-s_2)\cos A_3],\end{aligned}$$

这就是面积坐标系里的两点距离公式. 同理, 这公式也可以用 t_1, t_3, s_1, s_3 或 t_2, t_3, s_2, s_3 来求, 因而有恒等式

$$\begin{aligned}|\overline{MN}|^2 &= \frac{1}{s^2}[a_2^2(t_1-s_1)^2 + a_1^2(t_2-s_2)^2 \\ &\quad + 2a_1a_2(t_1-s_1)(t_2-s_2)\cos A_3] \\ &= \frac{1}{s^2}[a_3^2(t_2-s_2)^2 + a_2^2(t_3-s_3)^2 \\ &\quad + 2a_2a_3(t_2-s_2)(t_3-s_3)\cos A_1] \\ &= \frac{1}{s^2}[a_1^2(t_3-s_3)^2 + a_3^2(t_1-s_1)^2 \\ &\quad + 2a_3a_1(t_3-s_3)(t_1-s_1)\cos A_2]. \end{aligned} \quad (14.9)$$

具体计算时, 看需要而选定用哪个公式. 当 $|a_1| = |a_2| = 1$, 且 $\overline{A_1A_3} \perp \overline{A_2A_3}$ 时, 式(14.9)的第一个公式, 正是直角坐标系里的距离公式.

如果采取规范重心坐标, 令

$$M = (\mu_1 : \mu_2 : \mu_3) \quad \left(\mu_1 + \mu_2 + \mu_3 = 1, \mu_i = \frac{s_i}{s}\right),$$

$$N = (\rho_1 : \rho_2 : \rho_3) \quad \left(\rho_1 + \rho_2 + \rho_3 = 1, \rho_i = \frac{t_i}{s}\right),$$

式(14.9)可略为简化成

$$\begin{aligned}|\overline{MN}|^2 &= a_2^2(\rho_1-\mu_1)^2 + a_1^2(\rho_2-\mu_2)^2 \\ &\quad + 2a_1a_2(\rho_1-\mu_1)(\rho_2-\mu_2)\cos A_3 \\ &= a_3^2(\rho_2-\mu_2)^2 + a_2^2(\rho_3-\mu_3)^2 \\ &\quad + 2a_2a_3(\rho_2-\mu_2)(\rho_3-\mu_3)\cos A_1 \\ &= a_1^2(\rho_3-\mu_3)^2 + a_3^2(\rho_1-\mu_1)^2 \\ &\quad + 2a_3a_1(\rho_3-\mu_3)(\rho_1-\mu_1)\cos A_2. \end{aligned} \quad (14.10)$$

这些公式关于三个坐标是不对称的,如果化成对称形式,就是

$$|\overline{MN}|^2 = P_1(\rho_1-\mu_1)^2 + P_2(\rho_2-\mu_2)^2 + P_3(\rho_3-\mu_3)^2.$$
$$(14.11)$$

其中

$$P_1 = \frac{1}{2}(a_2^2 + a_3^2 - a_1^2) = a_2 a_3 \cos A_1,$$

$$P_2 = \frac{1}{2}(a_1^2 + a_3^2 - a_2^2) = a_1 a_3 \cos A_2,$$

$$P_3 = \frac{1}{2}(a_1^2 + a_2^2 - a_3^2) = a_1 a_2 \cos A_3.$$

在式(14.11)中,以 $\rho_3 = 1 - \rho_1 - \rho_2$ 及 $\mu_3 = 1 - \mu_1 - \mu_2$ 代入,可化出式(14.10)的第一式.这些公式的推导,留给读者自己完成.

(4) 三角形的面积公式

设三点:

$$L = (r_1, r_2, r_3), \quad M = (s_1, s_2, s_3), \quad N = (t_1, t_2, t_3).$$

分别过 L, M, N 作 A_3A_2 的平行线交 A_1A_3 于 L', M', N'(图

14.9),那么显然有
$$\overline{S}_{\triangle LMN} = \overline{S}_{\text{梯形}LMM'L'} + \overline{S}_{\text{梯形}MNN'M'} + \overline{S}_{\text{梯形}NLL'N'}.$$
仿照求距离公式的方法可得

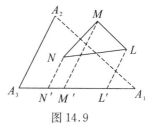

图 14.9

$$\overline{LL'} = \frac{r_2}{s} \cdot \overline{A_2A_3}, \quad \overline{MM'} = \frac{s_2}{s} \cdot \overline{A_2A_3},$$

$$\overline{M'A_3} = \frac{s_1}{s} \cdot \overline{A_1A_3}, \quad \overline{L'A_3} = \frac{r_1}{s} \cdot \overline{A_1A_3},$$

所以
$$\overline{L'M'} = \overline{L'A_3} - \overline{M'A_3} = \frac{r_1 - s_1}{s} \cdot \overline{A_1A_3}.$$

由此求出梯形 $LMM'L'$ 的带号面积

$$\begin{aligned}\overline{S}_{\text{梯形}LMM'L'} &= \frac{1}{2} |\overline{M'L'}| \cdot |\overline{MM'} + \overline{LL'}| \\ &\quad \cdot \sin(\overline{M'L'}, \overline{M'M}) \\ &= \frac{1}{2} \cdot \left(\frac{r_1 - s_1}{s}\right) |\overline{A_3A_1}| \cdot \left(\frac{r_2 + s_2}{s}\right) \\ &\quad \cdot |\overline{A_3A_2}| \sin(\overline{A_3A_1}, \overline{A_3A_2}) \\ &= \frac{1}{s}(r_1 - s_1)(r_2 + s_2).\end{aligned}$$

同理
$$\overline{S}_{\text{梯形}MNN'M'} = \frac{1}{s}(s_1 - t_1)(s_2 + t_2),$$
$$\overline{S}_{\text{梯形}NLL'N'} = \frac{1}{s}(t_1 - r_1)(t_2 + r_2),$$

所以
$$\begin{aligned}\overline{S}_{\triangle LMN} = \frac{1}{s}\big[&(r_1 - s_1)(r_2 + s_2) + (s_1 - t_1)(s_2 + t_2) \\ &+ (t_1 - r_1)(t_2 + r_2)\big]\end{aligned}$$

$$= \frac{1}{s}(r_1 s_2 - s_1 r_2 - s_1 s_2 + s_1 s_2 + s_1 t_2 - t_1 s_2 + t_1 r_2 - r_1 t_2)$$

$$= \frac{1}{s}[(r_1 - s_1)(s_2 - t_2) - (r_2 - s_2)(s_1 - t_1)]$$

$$= \frac{1}{s}\begin{vmatrix} r_1 - s_1 & s_1 - t_1 \\ r_2 - s_2 & s_2 - t_2 \end{vmatrix} = \frac{1}{s}\begin{vmatrix} 1 & 1 & 1 \\ r_1 & s_1 & t_1 \\ r_2 & s_2 & t_2 \end{vmatrix}. \quad (14.12)$$

类似地,得到另外两个公式

$$\overline{S}_{\triangle LMN} = \frac{1}{s}\begin{vmatrix} 1 & 1 & 1 \\ r_1 & s_1 & t_1 \\ r_2 & s_2 & t_2 \end{vmatrix} = \frac{1}{s}\begin{vmatrix} 1 & 1 & 1 \\ r_2 & s_2 & t_2 \\ r_3 & s_3 & t_3 \end{vmatrix}$$

$$= \frac{1}{s}\begin{vmatrix} 1 & 1 & 1 \\ r_3 & s_3 & t_3 \\ r_1 & s_1 & t_1 \end{vmatrix}. \quad (14.13)$$

把上式的第一行乘以 s,再减去第二、三行,得

$$\overline{S}_{\triangle LMN} = \frac{1}{s^2}\begin{vmatrix} r_1 & s_1 & t_1 \\ r_2 & s_2 & t_2 \\ r_3 & s_3 & t_3 \end{vmatrix}. \quad (14.14)$$

这就是面积坐标系里的三角形面积公式.

将上式化成规范重心坐标形式,得

$$\overline{S}_{\triangle LMN} = s\begin{vmatrix} \lambda_1 & \mu_1 & \rho_1 \\ \lambda_2 & \mu_2 & \rho_2 \\ \lambda_3 & \mu_3 & \rho_3 \end{vmatrix} \quad (14.15)$$

$$\begin{cases} L = (\lambda_1 : \lambda_2 : \lambda_3), \lambda_1 + \lambda_2 + \lambda_3 = 1, \\ M = (\mu_1 : \mu_2 : \mu_3), \mu_1 + \mu_2 + \mu_3 = 1, \\ N = (\rho_1 : \rho_2 : \rho_3), \rho_1 + \rho_2 + \rho_3 = 1. \end{cases}$$

如果令式(14.14)或式(14.15)的右端等于 0,这又可以得到 L,M,N 三点共线的条件.

应用面积坐标解有关三角形的几何题,有时显得特别方便,这里我们仅举一例[有兴趣的读者请参看《初等数学论丛》(3)中杨路的文章《谈谈重心坐标》].

【例 14.1】 如图 14.10 所示,$\triangle A_1 A_2 A_3$ 的外接圆半径为 R,圆心为 O. 由平面上任一点 P 作 $A_2 A_3, A_3 A_1, A_1 A_2$ 的垂线,垂足顺次为 P_1, P_2, P_3. 记 $\overline{S}_{\triangle A_1 A_2 A_3} = s, \overline{S}_{\triangle P_1 P_2 P_3} = \Delta$. 求证:

$$\overline{OP^2} = R^2 \left(1 - \frac{4\Delta}{s}\right).$$

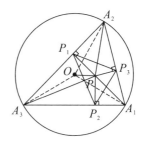

图 14.10

证明 设 P 在右手系 $\triangle A_1 A_2 A_3$ 下的面积坐标为

$$P = (s_1, s_2, s_3).$$

设 $\triangle A_1 A_2 A_3$ 的三边为 a_1, a_2, a_3,P 到 $A_1 A_2, A_2 A_3, A_3 A_1$ 的带号距离分别为 h_3, h_1, h_2,并约定点 P 在 $\triangle A_1 A_2 A_3$ 的内部时,h_1, h_2, h_3 均为正,于是当 $\overline{S}_{\triangle A_1 A_2 A_3} > 0$(即 $\overline{\triangle A_1 A_2 A_3}$ 为右手系时),有

$$h_1 = \frac{2s_1}{a_1}, \quad h_2 = \frac{2s_2}{a_2}, \quad h_3 = \frac{2s_3}{a_3}.$$

所以

$$\begin{aligned}\overline{S}_{\triangle P_1 P_2 P_3} &= \overline{S}_{\triangle P P_1 P_2} + \overline{S}_{\triangle P P_2 P_3} + \overline{S}_{\triangle P P_3 P_1} \\ &= \frac{1}{2}(h_1 h_2 \sin A_3 + h_2 h_3 \sin A_1 + h_1 h_3 \sin A_2) \\ &= 2\left(\frac{s_1 s_2}{a_1 a_2} \sin A_3 + \frac{s_2 s_3}{a_2 a_3} \sin A_1 + \frac{s_1 s_3}{a_1 a_3} \sin A_2\right)\end{aligned}$$

$$= \frac{1}{Ra_1a_2a_3}(s_1s_2a_3^2 + s_1s_3a_2^2 + s_2s_3a_1^2).$$

即

$$R^2\left(1 - \frac{4\Delta}{s}\right) = R^2 - \frac{4R^2\Delta}{s}$$

$$= R^2 - \frac{1}{s} \cdot \frac{4R^2}{Ra_1a_2a_3}(s_1s_2a_3^2 + s_1s_3a_2^2 + s_2s_3a_1^2)$$

$$= R^2 - \frac{1}{s^2}(s_1s_2a_3^2 + s_1s_3a_2^2 + s_2s_3a_1^2). \quad (14.16)$$

另一方面，O 点的面积坐标为

$$O = \left(\frac{1}{2}R^2\sin 2A_1, \frac{1}{2}R^2\sin 2A_2, \frac{1}{2}R^2\sin 2A_3\right)$$

$$= (R^2\cos A_1\sin A_1, R^2\cos A_2\sin A_2, R^2\cos A_3\sin A_3)$$

$$= \left(\frac{Ra_1\cos A_1}{2}, \frac{Ra_2\cos A_2}{2}, \frac{Ra_3\cos A_3}{2}\right)$$

$$= \left(\frac{Ra_1P_1}{2a_2a_3}, \frac{Ra_2P_2}{2a_1a_3}, \frac{Ra_3P_3}{2a_1a_2}\right).$$

由距离公式(14.9)的第一式，得

$$\overline{OP^2} = \frac{1}{s^2}\Bigg[a_2^2\left(\frac{Ra_1P_1}{2a_2a_3} - s_1\right)^2 + a_1^2\left(\frac{Ra_2P_2}{2a_1a_3} - s_2\right)^2$$

$$+ 2P_3\left(\frac{Ra_1P_1}{2a_2a_3} - s_1\right)\left(\frac{Ra_2P_2}{2a_1a_3} - s_2\right)\Bigg]$$

$$= \frac{1}{s^2}\Bigg[s_1^2a_2^2 + s_2^2a_1^2 + 2P_3s_1s_2$$

$$- s_1a_2^2R\left(\frac{a_1P_1}{a_2a_3} + \frac{P_2P_3}{a_1a_2a_3}\right) - s_2a_1^2R\left(\frac{a_2P_2}{a_1a_3} + \frac{P_1P_3}{a_1a_2a_3}\right)$$

$$+ \frac{R^2}{4}\left(\frac{a_1^2P_1^2}{a_3^2} + \frac{a_2^2P_2^2}{a_3^2} + \frac{2P_1P_2P_3}{a_3^2}\right)\Bigg]$$

利用关系式 $P_1 + P_2 = a_3^2$，$P_2 + P_3 = a_1^2$，$P_3 + P_1 = a_2^2$ 以及 $P_1P_2 +$

$P_2P_3 + P_3P_1 = 4s^2$,得

$$\frac{a_1P_1}{a_2a_3} + \frac{P_2P_3}{a_1a_2a_3} = \frac{a_2P_2}{a_1a_3} + \frac{P_1P_3}{a_1a_2a_3} = \frac{1}{a_1a_2a_3} \cdot 4s^2$$

$$= \frac{s}{R} \cdot \frac{a_1^2P_1^2}{a_3^2} + \frac{a_2^2P_2^2}{a_3^2} + \frac{2P_1P_2P_3}{a_3^2}$$

$$= \frac{1}{a_3^2}\big[P_1P_2(P_1+P_2) + P_2P_3(P_1+P_2)$$

$$+ P_3P_1(P_1+P_2)\big]$$

$$= 4s^2.$$

所以

$$\overline{OP^2} = \frac{1}{s^2}\big[s_1^2a_2^2 + s_2^2a_1^2 + 2P_3s_1s_2 - (s_1a_2^2 + s_2a_1^2)s + R^2s^2\big]$$

$$= R^2 - \frac{1}{s^2}\big[(s_1a_2^2 + s_2a_1^2)s - 2P_3s_1s_2 - s_1^2a_2^2 - s_2^2a_1^2\big].$$

(14.17)

在式(14.16)中利用 $s_3 = s - s_1 - s_2$ 消去 s_3,得

$$R^2\left(1 - \frac{4\Delta}{s}\right) = R^2 - \frac{1}{s^2}\big[s_1s_2a_3^2 + s_1(s - s_1 - s_2)a_2^2$$

$$+ s_2(s - s_1 - s_2)a_1^2\big]$$

$$= R^2 - \frac{1}{s^2}\big[(s_1a_2^2 + s_2a_1^2)s$$

$$- (a_1^2 + a_2^2 - a_3^2)s_1s_2 - s_1^2a_2^2 - s_2^2a_1^2\big]$$

$$= R^2 - \frac{1}{s^2}\big[(s_1a_2^2 + s_2a_1^2)s - 2P_3s_1s_2$$

$$- s_1^2a_2^2 - s_2^2a_1^2\big].$$

即左边 = 右边,从而证明了所要的等式. □

从等式
$$R^2 - R^2 \cdot \frac{4\Delta}{s} = \overline{OP^2},$$
得
$$\frac{4\Delta}{s} = 1 - \frac{\overline{OP^2}}{R^2},$$

显然,当点 P 在 $\triangle A_1 A_2 A_3$ 的外接圆内部时,有 $\Delta > 0$,在圆外时,有 $\Delta < 0$,在圆上,即 $\overline{OP^2} = R^2$ 时,有 $\Delta = 0$,即 P_1, P_2, P_3 共线,又得到了西姆松定理.

这个例题是个十分有用的命题,关于它的多种推论,读者可参看《初等数学论丛》(3)程龙的文章《垂足三角形》.此题如果用直角坐标系来做,而不取以 A_1, A_2, A_3 为基点的面积坐标,那么要难得多.

15 向前还能走多远

我们看到,利用面积关系,不仅能解多种多样的题目,而且能在它的基础上,发展一般的理论,如面积坐标的理论.

如果走出平面几何的圈子,继续向前,还能走多远呢?

容易想到,在立体几何中,利用长度、角度与面积、体积的关系,同样可以提供有力的解题方法.确实,已经有人利用体积的计算建立了"立体角正弦"的定义,并证明了空间的正弦定理.同样,也可以建立体积坐标,高维的重心坐标,并使它成为有力的解题工具.

在平面上,也还有事情可做.如果不限于研究直线形的面积,而进一步研究曲线所包围的面积,那就开始进入高等数学的领域.古希腊数学家计算曲线所围的面积的方法,和积分法是相通的.我们在前面已提到,微积分中的一个基本的极限式 $\frac{\sin x}{x} \to 1 (x \to 0)$,就建立于面积包含关系之上,级数论中重要的"阿贝尔恒等式"(练习题 1 第 3 题),也可用面积关系来直观的表示.

还有,我们可以利用面积来建立某些函数的定义.例如,可以把"$\sin x$"定义为"边长为 1,夹角为 x 的菱形的面积"(图 15.1),这样,从定义出发很容易导出 $\sin x$ 的一系列基本性质.还可以在直角坐标系中画出 $y = \frac{1}{x} (x > 0)$ 的曲线(图 15.2),然后,把直线 $x = 1$ 和 $x = t$

之间，x 轴之上，曲线之下的面积定义为 $\ln t$[①]，这样，也很容易导出函数 $\ln t$ 的基本性质

$$\ln(t_1 \cdot t_2) = \ln t_1 + \ln t_2.$$

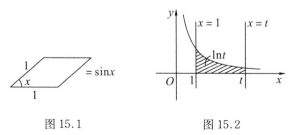

图 15.1　　　　　　图 15.2

这种定义方法，直观具体，比从 e^t 的反函数定义，在理论上更简洁。在国内外的较新的微积分教材中，已开始采用了．

这样，两大类初等函数，都可以联系面积来定义了．这种定义方法有它自己的特点和优点．

还可以提出这样的问题："面积究竟是什么？"这就导向理论上更为深刻的"公理的面积论"和"测度论"．这一方面，读者不妨一读《初等数学论丛》(2)中莫由的文章《什么是长度》，就会知道，从一个简单问题出发，可以得到十分深刻的概念，十分有趣的结果．

有这么一个童话：一个孩子得到了一个奇妙的线球，线球在地上向前滚去，留下一条细细的银线，他沿着这条闪光的银线向前走去，看到了无数奇花异草，发现了许多宝藏．在数学的花园里，也并不缺少这类线球，跟着它，可以向前走得很远，可以看到许多有趣的东西．这本小册子里谈的"面积"，也可以算是一个小小的引人入胜的奇妙线球吧！

[①] 以 e 为底的对数，称自然对数，用记号"ln"表示．

16 从欧拉问题谈起

面对一些有难度的数学问题,我们可能花费很大的气力都没能攻克,但一看答案却是那么巧妙而简单.有人觉得沮丧,叹气道:一次又一次的解题碰壁,就是不断证明自己是傻子的过程.

巧妙的解题方法到底是如何想到的呢?进一步问,数学中那么多性质是如何被发现的呢?这在我们"公理化"的课本上是难以寻找到答案的.不少人推崇波利亚的数学发现法,但笔者认为欧拉更值得研究.正如阿贝尔所说,要向大师学习,而不是向大师的门徒学习.

下面给出的几何题,在今天的读者看来可能是寻常的,但对于发现者而言,却并不是那么容易,希望能够给大家一些启发.

欧拉在纸上画下图 16.1,很平常的一个图,无非就是△ABC 中,有三条线段 Aa,Bb,Cc 交于一点 O(欧拉时代习惯用 Aa 表示一条边,这与现代用 a 表示 BC 不同).欧拉思考,若给出 AO,BO,CO,aO,bO,cO 的长度,能否重构一个三角形.欧拉发现,除非这些线段比例很特殊,否则是不能完成的.

在探究中,欧拉发现等式

$$\frac{AO}{Oa}\frac{BO}{Ob}\frac{CO}{Oc} = \frac{AO}{Oa} + \frac{BO}{Ob} + \frac{CO}{Oc} + 2.$$

欧拉给出的证明是如此长,以致会有人怀疑是不是真的出自欧拉之手.

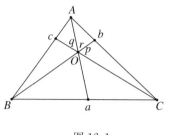

图 16.1

证明 如图 16.1 标记三个角,显然 $p + q + r = 180°$. 由面积关系可得

$$\frac{1}{2}OA \cdot OB\sin r = \frac{1}{2}OA \cdot Oc\sin q + \frac{1}{2}OB \cdot Oc\sin p,$$

即

$$\frac{\sin r}{Oc} = \frac{\sin q}{OB} + \frac{\sin p}{OA}.$$

同理可得

$$\frac{\sin p}{Oa} = \frac{\sin r}{OC} + \frac{\sin q}{OB}, \quad \frac{\sin q}{Ob} = \frac{\sin p}{OA} + \frac{\sin r}{OC}.$$

设 $OA = \alpha Oa, OB = \beta Ob, OC = \gamma Oc$,并定义 P, Q, R 如下:

$$P = \frac{\sin p}{OA} = \frac{\sin p}{\alpha Oa}, \quad Q = \frac{\sin q}{OB} = \frac{\sin q}{\beta Ob}, \quad R = \frac{\sin r}{OC} = \frac{\sin r}{\gamma Oc},$$

于是

$$\alpha P = Q + R, \quad \beta Q = R + P, \quad \gamma R = P + Q,$$

解得

$$\frac{P}{R} = \frac{\gamma + 1}{\alpha + 1}, \quad \frac{Q}{P} = \frac{\alpha + 1}{\beta + 1}, \quad \frac{R}{Q} = \frac{\beta + 1}{\gamma + 1},$$

于是

$$P : Q : R = \frac{1}{\alpha + 1} : \frac{1}{\beta + 1} : \frac{1}{\gamma + 1}.$$

由 $\gamma R = P + Q, \alpha P = Q + R$,两式消去 R 得

$$\frac{P}{Q} = \frac{\gamma + 1}{\alpha\gamma - 1}.$$

而 $\frac{Q}{P} = \frac{\alpha + 1}{\beta + 1}$,所以 $\alpha\beta\gamma = \alpha + \beta + \gamma + 2$.

证得 $\alpha\beta\gamma = \alpha + \beta + \gamma + 2$ 后,欧拉继续前行.他在等式两边同时加上 $\alpha\beta + \beta\gamma + \gamma\alpha + \alpha + \beta + \gamma + 1$,于是等式左边等于 $(\alpha+1)(\beta+1)\cdot(\gamma+1)$,右边等于 $\alpha\beta + \beta\gamma + \gamma\alpha + 2(\alpha+\beta+\gamma) + 3 = (\alpha+1)(\beta+1) + (\beta+1)(\gamma+1) + (\gamma+1)(\alpha+1)$,欧拉在等式的变形中展示出的高超的技巧,让人惊讶.而欧拉此处用了一个词"显然(obviously)"来形容,也让读者感到郁闷.接着,欧拉在等式两边同除以 $(\alpha+1)(\beta+1)\cdot(\gamma+1)$,得

$$1 = \frac{1}{\alpha+1} + \frac{1}{\beta+1} + \frac{1}{\gamma+1}.$$

将 $OA = \alpha Oa$, $OB = \beta Ob$, $OC = \gamma Oc$ 代入可得

$$\frac{Oa}{Aa} + \frac{Ob}{Bb} + \frac{Oc}{Cc} = 1.$$

文章若到此结束,也是一篇绝佳的初等数学研究论文,因为所得的这两个结论并不常见(切莫以今天的眼光对待).然而大师就是大师,哪会轻易停手.欧拉一方面将结论向球面几何扩展,另一方面寻求简证.下面这种证明,欧拉认为是巧妙而简洁的.

如图 16.2,作 $OM \parallel AB$,$ON \parallel AC$,则

$$BM + MN + NC = BC,$$

即

$$\frac{BM}{BC} + \frac{MN}{BC} + \frac{NC}{BC} = 1.$$

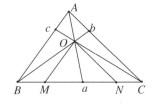

图 16.2

由三角形相似和平行线的性质可知

$$\frac{BM}{BC} = \frac{Oc}{Cc}, \quad \frac{MN}{BC} = \frac{Oa}{Aa}, \quad \frac{NC}{BC} = \frac{Ob}{Bb},$$

所以

$$\frac{Oa}{Aa} + \frac{Ob}{Bb} + \frac{Oc}{Cc} = 1.$$

欧拉对此感到骄傲,他说:"这毫无疑问是这一定理的最简证明,但它是经历了许多弯路才得到的."

正如鲁迅先生所说的那样:"即使天才,在生下来的时候的第一声啼哭,也和平常的儿童的一样,绝不会就是一首好诗."欧拉无疑是个数学天才,但即便如此,最初解这道题的时候还是走了不少弯路.

作为事后诸葛亮的我们,能够得到哪些启示呢?这两个定理 $\frac{AO}{Oa}\frac{BO}{Ob}\frac{CO}{Oc} = \frac{AO}{Oa} + \frac{BO}{Ob} + \frac{CO}{Oc} + 2$ 和 $\frac{Oa}{Aa} + \frac{Ob}{Bb} + \frac{Oc}{Cc} = 1$ 可互相推导,而前者项数较多,既有乘法又有加法,明显比后者复杂,而且后者有巧证,那么从后者推导前者要容易得多. 欧拉当然很清楚这一点,但他写文章时还是照着最初的思路来写,给我们留下的不仅仅是最终的结论,还有中间的过程. 在探索未知的道路上,除了勇于尝试之外,并没有一条确切的逻辑大道可走. 就像闯进了一间黑房子,碰倒了桌子、椅子,跌跌撞撞好像走了很久,直到拉开灯才晓得也就那几步路而已.

接下来思考,欧拉所谓的最简证明如何改进?

其实连辅助线都可以不添加的,有

$$\frac{Oa}{Aa} + \frac{Ob}{Bb} + \frac{Oc}{Cc} = \frac{S_{\triangle OBC}}{S_{\triangle ABC}} + \frac{S_{\triangle OCA}}{S_{\triangle ABC}} + \frac{S_{\triangle OAB}}{S_{\triangle ABC}},$$

而后者等于 1 则是显然的. 如果你对等式变形感到很奇怪,为什么线段之比可以转化成面积之比呢?那你有必要了解一下共边定理.

共边定理 若直线 AB 与 PQ 交于 M(如图 16.3,有四种情形),则有

$$\frac{S_{\triangle PAB}}{S_{\triangle QAB}} = \frac{PM}{QM}.$$

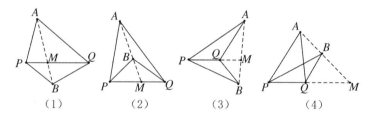

图 16.3

证法 1

$$\frac{S_{\triangle PAB}}{S_{\triangle QAB}} = \frac{S_{\triangle PAB}}{S_{\triangle PAM}} \cdot \frac{S_{\triangle PAM}}{S_{\triangle QAM}} \cdot \frac{S_{\triangle QAM}}{S_{\triangle QAB}} = \frac{AB}{AM} \cdot \frac{PM}{QM} \cdot \frac{AM}{AB} = \frac{PM}{QM}.$$

证法 2 在直线 AB 上取一点 N 使 $MN = AB$,则

$$S_{\triangle PAB} = S_{\triangle PMN},\quad S_{\triangle QAB} = S_{\triangle QMN},$$

所以

$$\frac{S_{\triangle PAB}}{S_{\triangle QAB}} = \frac{S_{\triangle PMN}}{S_{\triangle QMN}} = \frac{PM}{QM}.$$

证法 3 $\dfrac{S_{\triangle PAB}}{S_{\triangle QAB}} = \dfrac{\frac{1}{2}PM \cdot AB \cdot \sin\angle PMA}{\frac{1}{2}QM \cdot AB \cdot \sin\angle QMA} = \dfrac{PM}{QM}.$

历史总是惊人地相似. 数学大师华罗庚先生在《1978 年全国中学生数学竞赛题解》一书的前言中,谈到了这样一个有趣的几何题. 如图 16.4,凸四边形 $ABCD$ 的两边 AD,BC 延长后交于 K,两边 AB,CD 延长后交于 L. 对角线 BD,AC 延长后分别与直线 KL 交于 F,G. 求证:$\dfrac{KF}{LF} = \dfrac{KG}{LG}$.

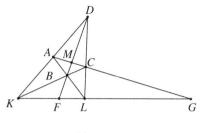

图 16.4

只看图,不看文字,题目也是一目了然的.几条直线那么一交,不附加任何别的条件,凭空就要你证明一个等式,似乎不容易下手.华先生在指出这个题目包含了射影几何的基本原理之后,给出了用中学生所掌握的知识解决它的方法.下述证明引自华先生所写的前言.

证法 1 设 $\triangle KFD$ 中 KF 边上的高为 h,利用
$$2S_{\triangle KFD} = KF \cdot h = KD \cdot DF\sin\angle KDF,$$
得到
$$KF = \frac{1}{h}KD \cdot DF\sin\angle KDF.$$
同理,再求出 LF,LG 的与 KG 类似的表达式.因而
$$\frac{KF}{LF} \cdot \frac{LG}{KG} = \frac{KD \cdot DF\sin\angle KDF}{LD \cdot DF\sin\angle LDF} \cdot \frac{LD \cdot DG\sin\angle LDG}{KD \cdot DG\sin\angle KDG}$$
$$= \frac{\sin\angle KDF}{\sin\angle LDF} \cdot \frac{\sin\angle LDG}{\sin\angle KDG},$$
同样可得到
$$\frac{AM}{CM} \cdot \frac{CG}{AG} = \frac{\sin\angle ADM}{\sin\angle CDM} \cdot \frac{\sin\angle CDG}{\sin\angle ADG},$$
所以
$$\frac{KF}{LF} \cdot \frac{LG}{KG} = \frac{AM}{CM} \cdot \frac{CG}{AG},$$
类似地可以证明
$$\frac{LF}{KF} \cdot \frac{KG}{LG} = \frac{\sin\angle LBF}{\sin\angle KBF} \cdot \frac{\sin\angle KBG}{\sin\angle LBG}$$
$$= \frac{\sin\angle ABM}{\sin\angle CBM} \cdot \frac{\sin\angle CBG}{\sin\angle ABG}$$
$$= \frac{AM}{CM} \cdot \frac{CG}{AG},$$
由此可得

$$\left(\frac{KF}{LF} \cdot \frac{LG}{KG}\right)^2 = 1,$$

即

$$\frac{KF}{LF} = \frac{KG}{LG}.$$

张景中先生在 1982 年出版的《面积关系帮你解题》中给出了证法 2.

证法 2 见本书第 18 页.

对比可知,张先生给出的证明和欧拉最初的证明思路很相似.张先生并没有就此打住,而是继续前进.终于利用看似平凡的共边定理给出了下面这个简短的证明.

证法 3

$$\frac{KF}{LF} = \frac{S_{\triangle KBD}}{S_{\triangle LBD}} = \frac{S_{\triangle KBD}}{S_{\triangle KBL}}\frac{S_{\triangle KBL}}{S_{\triangle LBD}} = \frac{CD}{CL}\frac{AK}{AD}$$

$$= \frac{S_{\triangle ACD}}{S_{\triangle ACL}}\frac{S_{\triangle ACK}}{S_{\triangle ACD}} = \frac{S_{\triangle ACK}}{S_{\triangle ACL}} = \frac{KG}{LG}.$$

读史使人明智.笔者想:此处的史,不仅包括宏观的数学发展史,也包含一个个数学问题(哪怕是一个初等数学问题)的解决过程,特别是像欧拉这样的大数学家研究、发现的过程.记住拉普拉斯的话吧:读读欧拉,读读欧拉,他是我们所有人的老师.

从共边定理出发,容易引出共角定理.

共角定理 若 $\angle ABC$ 与 $\angle A'B'C'$ 相等或互补,则

$$\frac{S_{\triangle ABC}}{S_{\triangle A'B'C'}} = \frac{AB \cdot BC}{A'B' \cdot B'C'}.$$

证明 如图 16.5,把两个三角形拼在一起,并且让 B 与 B' 重合,便得

$$\frac{S_{\triangle ABC}}{S_{\triangle A'B'C'}} = \frac{S_{\triangle ABC}}{S_{\triangle ABC'}} \cdot \frac{S_{\triangle ABC'}}{S_{\triangle A'B'C'}} = \frac{BC}{B'C'} \cdot \frac{AB}{A'B'}.$$

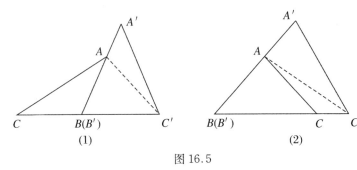

图 16.5

有了共角定理,很多看似需要用到三角函数的问题,可以避开三角函数来求解.下面给出蝴蝶定理的另一证法(第一种证法参见本书第 16 页).

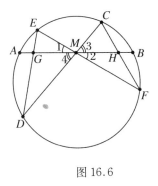

图 16.6

另证 如图 16.6,有

$$\angle D = \angle F, \quad \angle E = \angle C,$$
$$\angle 1 = \angle 2, \quad \angle 3 = \angle 4.$$

用共角定理,再用相交弦定理得

$$1 = \frac{S_{\triangle MGE}}{S_{\triangle MHF}} \cdot \frac{S_{\triangle MHF}}{S_{\triangle MGD}} \cdot \frac{S_{\triangle MGD}}{S_{\triangle MHC}} \cdot \frac{S_{\triangle MHC}}{S_{\triangle MGE}}$$

$$= \frac{ME \cdot MG}{MF \cdot MH} \cdot \frac{MF \cdot HF}{MD \cdot GD} \cdot \frac{MD \cdot MG}{MC \cdot MH}$$

$$\cdot \frac{MC \cdot HC}{ME \cdot GE} \quad (\text{共角定理})$$

$$= \frac{MG^2}{MH^2} \cdot \frac{HF \cdot HC}{GD \cdot GE}$$

$$= \frac{MG^2}{MH^2} \cdot \frac{HA \cdot HB}{GA \cdot GB} \quad (\text{相交弦定理})$$

$$= \frac{MG^2}{MH^2} \cdot \frac{(MA+MH)\cdot(MB-MH)}{(MA-MG)\cdot(MB+MG)}$$

$$= \frac{MG^2}{MH^2} \cdot \frac{MA^2-MH^2}{MA^2-MG^2} \quad (MA=MB).$$

所以

$$MG^2(MA^2-MH^2) = MH^2(MA^2-MG^2),$$

化简得 $MG = MH$.

蝴蝶定理讲述的是圆中几条弦之间的关系,圆幂定理、圆周角定理是避免不了的.倘若将圆改成四边形,那么小学生也能做了.

【例 16.1】 （四边形的蝴蝶定理）如图 16.7,两线段 AB,PQ 交于 M. 过 M 作一直线与 AQ,BP 分别交于 C,D. 作另一直线与 BQ,AP 分别交于 E,F. 连接 DE,CF 分别与 AB 交于 H,G, 求证:

$$\frac{MG}{AG} = \frac{MH}{BH} \cdot \frac{MB}{MA}.$$

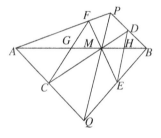

图 16.7

证明 由共边及共角定理可得

$$\frac{MG}{AG} = \frac{S_{\triangle MCF}}{S_{\triangle ACF}}$$

$$= \frac{S_{\triangle MCF}}{S_{\triangle MDE}} \cdot \frac{S_{\triangle MDE}}{S_{\triangle BDE}} \cdot \frac{S_{\triangle BDE}}{S_{\triangle BPQ}} \cdot \frac{S_{\triangle BPQ}}{S_{\triangle APQ}} \cdot \frac{S_{\triangle APQ}}{S_{\triangle AFC}}$$

$$= \frac{MC}{MD} \cdot \frac{MF}{ME} \cdot \frac{MH}{BH} \cdot \frac{BD}{BP} \cdot \frac{BE}{BQ} \cdot \frac{MB}{MA} \cdot \frac{AP}{AF} \cdot \frac{AQ}{AC}$$

$$= \frac{S_{\triangle ABC}}{S_{\triangle ABD}} \cdot \frac{S_{\triangle ABF}}{S_{\triangle ABE}} \cdot \frac{MH}{BH} \cdot \frac{S_{\triangle ABD}}{S_{\triangle ABP}} \cdot \frac{S_{\triangle ABE}}{S_{\triangle ABQ}} \cdot \frac{MB}{MA} \cdot \frac{S_{\triangle ABP}}{S_{\triangle ABF}} \cdot \frac{S_{\triangle ABQ}}{S_{\triangle ABC}}$$

$$= \frac{MH}{BH} \cdot \frac{MB}{MA}.$$

当 M 是 AB 中点时,可推知 $MG = MH$.

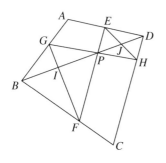

图 16.8

【例 16.2】 如图 16.8 所示,在筝形 $ABCD$ 中,$AB=AD$,$BC=CD$. 过 BD 上一点 P 任作一条直线交 AD,BC 于 E,F,再过 P 任作一条直线交 AB,CD 于 G,H,设 GF 与 EH 分别交 BD 于 I,J,求证:
$$\frac{PI}{PB}=\frac{PJ}{PD}.$$

证明

$$\frac{S_{\triangle GBP}}{S_{\triangle EDP}}=\frac{GB\cdot BP}{ED\cdot DP},$$

$$\frac{S_{\triangle EDP}}{S_{\triangle FBP}}=\frac{EP\cdot DP}{FP\cdot BP},$$

$$\frac{S_{\triangle FBP}}{S_{\triangle HDP}}=\frac{FB\cdot BP}{HD\cdot DP},$$

$$\frac{S_{\triangle HDP}}{S_{\triangle GBP}}=\frac{HP\cdot DP}{GP\cdot BP},$$

四式相乘,得
$$1=\frac{GB\cdot EP\cdot FB\cdot HP}{ED\cdot FP\cdot HD\cdot GP},$$

即
$$\frac{\frac{1}{2}FP\cdot GP\sin\angle GPF}{\frac{1}{2}GB\cdot FB\sin\angle GBF}=\frac{\frac{1}{2}EP\cdot HP\sin\angle EPH}{\frac{1}{2}ED\cdot HD\sin\angle EDH},$$

即
$$\frac{S_{\triangle GPF}}{S_{\triangle GBF}}=\frac{S_{\triangle EPH}}{S_{\triangle EDH}},$$

由共边定理得 $\dfrac{PI}{BI}=\dfrac{PJ}{DJ}$,由合分比定律得 $\dfrac{PI}{PB}=\dfrac{PJ}{PD}$.

参考文献

[1] C. Edward Sandifer. How Euler Did Even More[M]. The Mathematical Association of America, 2015.

[2] 张景中,彭翕成.一线串通的初等数学[J].数学通报,2010(2):1-5.

[3] 张景中.面积关系帮你解题[M].2版.合肥:中国科学技术大学出版社,2013.

相关链接

http://www.eulersociety.org/.

http://www.maa.org/news/howeulerdidit.html.

17　神奇的消点法

几何题千变万化,全无定法,这似乎已经成为两千年来人们的共识.

但还是有人没有放弃,一直都在寻找一种"通法".这里所说的通法,并不是说它能够解决所有的几何问题,而是指能够解决几何中的很大一类问题.

消点法就是这样的一种通法.一般说来,只要题目中的条件可以用尺规作图表出,并且结论可以表成常用几何量的多项式等式(常用几何量包括面积、线段及角的三角函数),总可以用消点法一步一步地写出解答.

我们通过一个例子来了解什么是消点法.

【例 17.1】　如图 17.1,在平行四边形 $ABCD$ 中,E,F 分别为 AD,CD 的中点,连接 BE,BF 分别交 AC 于点 R,T,求证:R,T 分别为 AC 的三等分点.

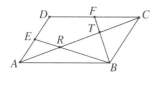

图 17.1

几何题难就难在不知道如何作辅助线.作辅助线属于人类独有的高级智慧,既需要平常大量的积累,更需要解题时的"灵机一动".能不能避开作辅助线呢? 也是可以的.消点法就不需要作辅助线,但要求深入理解题目意思.

17 神奇的消点法

很多人解几何题,即使书本上已经画好了几何图形,他仍然会在草稿纸上重新画一遍.原因有二:一是担心添加辅助线的时候,把书本上的图形搞乱了;二是重新作图有利于理解题意.现在我们重新作图,注意作图的顺序,切不可随意.

第一步:在平面上作 A,B,C 三点.这三个点是任作的,不受约束.当然 A,B,C 三点不能在同一条直线上,否则下面的图形就没法继续作下去了.

第二步:作点 D,使得 $AD\parallel BC$,$AB\parallel DC$.

第三步:连接 AC,作 AD 的中点 E 和 DC 的中点 F.

第四步:连接 BE 交 AC 于点 R,连接 BF 交 AC 于点 T.

对于图形中的点,我们把 A,B,C 三点称为"自由点",而将其他点称为"约束点".因为一旦 A,B,C 三点位置确定,那么其他点的位置也随之确定,没有变动的可能.

此时需要证明点 T 是 AC 的三等分点,从图形可以看出需要证明 $\dfrac{AT}{CT}=2$.我们的思路是:要证明的等式左端涉及好几个几何点,但右端却只有数字 2.如果想办法把字母 A,C,T 都消掉,不就水落石出了么?在这种思想的指导下,我们首先着手从式子 $\dfrac{AT}{CT}$ 中消去最晚出现的点 T.

用什么办法消去一个点,这要看此点的来历,和它出现在什么样的几何量中.点 T 是由 AC,BF 相交产生,用共边定理可得 $\dfrac{AT}{CT}=\dfrac{S_{\triangle ABF}}{S_{\triangle CBF}}$,这就成功地消去了点 T.此时却多出了一个点 F.

下一步就要消去点 F.根据点 F 的来历:点 F 是 DC 的中点,则

$S_{\triangle BCF} = \frac{1}{2} S_{\triangle BCD}$. 由于点 F 是 DC 上的点,且 $AB \parallel DC$,则有 $S_{\triangle ABF} = S_{\triangle ABC}$.

接下来消去点 D. 根据点 D 的来历:$AD \parallel BC$,则 $S_{\triangle BCD} = S_{\triangle BCA}$. 于是一个简捷的证明产生了:

$$\frac{AT}{CT} = \frac{S_{\triangle ABF}}{S_{\triangle CBF}} = \frac{S_{\triangle ABC}}{\frac{1}{2} S_{\triangle CBD}} = 2 \cdot \frac{S_{\triangle ABC}}{S_{\triangle ABC}} = 2.$$

同理可证点 R 是 AC 的三等分点.

现在小结一下. 解题的顺序,和点的排列大有关系. 题目的结论是 $\frac{AT}{CT} = 2$. 怎么处理这个式子呢?解二元一次方程组有"消元法",把未知数一个一个地消去,消到后面就解决了. 这个方法在解几何题的时候也可以借用,不妨称之为"消点法".

消点法,就是从要处理的式子中消去约束点. 约束点消完了,问题往往就水落石出了. 消约束点有个顺序:后产生的先消去. 在式子 $\frac{AT}{CT}$ 中,点 T 是最后产生的,就先消点 T. 怎样消去点 T 呢?就要查查点 T 的来历,正所谓"解铃还须系铃人". 以此类推即可. 如果在消点的过程中,出现了新的约束点,也是按照顺序消除. 一般说来,自由点是不需要专门去想办法消掉的,到一定的时候,自然就会消掉.

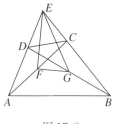

图 17.2

【**例 17.2**】 如图 17.2,四边形 $ABCD$ 的边 AD,BC 的延长线交于点 E,对角线 AC,BD 的中点为 F,G,求 $\dfrac{S_{\triangle EFG}}{S_{ABCD}}$.

解 首先将题目中的点排顺序. 第一级别:A,B,C,D;第二级别:E,F,G. 下面给

出解法:

$$S_{\triangle EFG} = S_{\triangle EAG} - S_{\triangle EAF} - S_{\triangle AFG}$$
$$= (S_{\triangle ADG} + S_{\triangle EDG}) - \frac{1}{2}S_{\triangle EAC} - \frac{1}{2}S_{\triangle ACG}$$
$$= \frac{1}{2}S_{\triangle ADB} + \frac{1}{2}S_{\triangle EDB} - \frac{1}{2}S_{AGCE}$$
$$= \frac{1}{2}S_{\triangle ABE} - \frac{1}{2}S_{AGCE}$$
$$= \frac{1}{2}S_{ABCG} = \frac{1}{4}S_{ABCD}.$$

在 A, B, C, D 四点确定之后, E, F, G 三点也随之确定, 而 E, F, G 三点之间并无明确的先后顺序.

在很多题目中, 并不需要将点的级别分得很细. 如例 17.2 中, 不需要将 E, F, G 再分成几个级别. 熟练之后, 甚至不需要再在稿纸上作图. 眼睛一扫, 题目各点的来龙去脉全部清楚了, 因为很多题目图中的点是按照作图顺序进行标记的, 这也是一些解题高手能够记住很多题目的原因.

【例 17.3】 如图 17.3, 四边形 $ABCD$ 中, 对角线 AC, BD 的中点分别为 M, N, 直线 MN 分别与 AD, BC 交于 P, Q, 求证: $\dfrac{BQ}{QC} = \dfrac{DP}{PA}$.

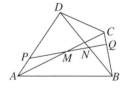

图 17.3

证法 1 设 $A(0,0), B(1,0), C(m,n), D(a,b)$, 则

$$M = \frac{m+ni}{2}, \quad N = \frac{1+a+bi}{2},$$
$$Q = \frac{[1-m+a(1+m+ni)-ni]n + b(m-m^2+2ni-mni)}{2(b-bm+an)},$$

$$P = \frac{(a+ib)(-bm+n+an)}{2(b-bm+an)},$$

$$\frac{BQ}{QC} = \frac{Q-B}{C-Q} = \frac{-an+b(m-2)+n}{bm-(a+1)n},$$

同理可得

$$\frac{DP}{PA} = \frac{-an+b(m-2)+n}{bm-(a+1)n},$$

所以 $\frac{BQ}{QC} = \frac{DP}{PA}$.

证法 2 $\dfrac{BQ}{QC} = \dfrac{S_{\triangle MNB}}{S_{\triangle MNC}} = \dfrac{S_{\triangle MND}}{S_{\triangle MNA}} = \dfrac{DP}{PA}$.

因为要证的结论是线段的比值相等,从解题的角度来说,线段长度多少,比值多少,并不重要,能够跳过是最好的,以免陷入繁琐的陷阱,而证法 2 则是充分利用消点的思想,消去 P 和 Q,轻松解决.

【例 17.4】 如图 17.4,正方形 $ABCD$ 中,E,F,G,H 分别是 AD,EC,BF,AG 的中点,DH 交 CE 于 I. 求 $\dfrac{S_{GFIH}}{S_{ABCD}}$.

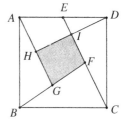

图 17.4

解法 1 先计算 $\dfrac{HI}{HD}$.

$\dfrac{HI}{HD} = \dfrac{S_{\triangle EHC}}{S_{EHCD}}$ (消去 I, $I = EC \cap HD$)

$= \dfrac{\frac{1}{2}(S_{\triangle EAC} + S_{\triangle EGC})}{\frac{1}{2}(S_{\triangle ACD} + S_{EGCD})}$ (消去 H)

$= \dfrac{S_{\triangle EAC} + S_{\triangle EGC}}{S_{\triangle ACD} + S_{\triangle EGC} + S_{\triangle ECD}}$ (化简)

$$= \frac{S_{\triangle EAC} + \frac{1}{2}S_{\triangle EBC}}{S_{\triangle ACD} + \frac{1}{2}S_{\triangle EBC} + S_{\triangle ECD}} \quad (\text{消去 } G)$$

$$= \frac{\frac{1}{2}S_{\triangle DAC} + \frac{1}{2}\left(\frac{1}{2}S_{\triangle ABC} + \frac{1}{2}S_{\triangle DBC}\right)}{S_{\triangle ACD} + \frac{1}{2}\left(\frac{1}{2}S_{\triangle ABC} + \frac{1}{2}S_{\triangle DBC}\right) + \frac{1}{2}S_{\triangle ACD}} \quad (\text{消去 } E)$$

$$= \frac{\frac{1}{4}a + \frac{1}{2}\left(\frac{1}{4}a + \frac{1}{4}a\right)}{\frac{1}{2}a + \frac{1}{2}\left(\frac{1}{4}a + \frac{1}{4}a\right) + \frac{1}{4}a} \quad (\text{设 } a = S_{ABCD})$$

$$= \frac{1}{2}.$$

再证明 $S_{GFIH} = S_{\triangle GFH} + S_{\triangle FIH}$.

$$S_{\triangle GFH} = \frac{1}{2}S_{\triangle GFA} = \frac{1}{2} \cdot \frac{1}{2}S_{\triangle BFA}$$

$$= \frac{1}{4}\left(\frac{1}{2}S_{\triangle BEA} + \frac{1}{2}S_{\triangle BCA}\right) = \frac{1}{8}\left(\frac{1}{2}S_{\triangle BDA} + S_{\triangle BCA}\right)$$

$$= \frac{1}{8}\left(\frac{1}{4}S_{ABCD} + \frac{1}{2}S_{ABCD}\right) = \frac{3}{32}S_{ABCD},$$

$$S_{\triangle FIH} = \frac{1}{2}S_{\triangle FDH} = \frac{1}{4}(S_{\triangle FDA} + S_{\triangle FDG}) = \frac{1}{4}\left(S_{\triangle FDA} + \frac{1}{2}S_{\triangle FDB}\right)$$

$$= \frac{1}{4}\left[\frac{1}{2}S_{\triangle CDA} + \frac{1}{2}\left(\frac{1}{2}S_{\triangle CDB} + \frac{1}{2}S_{\triangle EDB}\right)\right]$$

$$= \frac{1}{4}\left[\frac{1}{2}S_{\triangle CDA} + \frac{1}{4}\left(S_{\triangle CDB} - \frac{1}{2}S_{\triangle ABD}\right)\right]$$

$$= \frac{1}{16}S_{ABCD} + \frac{1}{32}S_{ABCD} - \frac{1}{64}S_{ABCD} = \frac{5}{64}S_{ABCD},$$

故 $S_{GFIH} = S_{\triangle GFH} + S_{\triangle FIH} = \frac{11}{64}S_{ABCD}.$

解法 2

$$S_{GFIH} = S_{\triangle GFH} + S_{\triangle FIH}$$

$$= S_{\triangle GFH} + S_{\triangle FDH} \cdot \frac{S_{\triangle EHC}}{S_{EHCD}} \quad (\text{消去 } I, I = EC \cap HD)$$

$$= \frac{1}{2} S_{\triangle GFA} + \frac{1}{2}(S_{\triangle FDA} + S_{\triangle FDG}) \cdot \frac{\frac{1}{2}(S_{\triangle EAC} + S_{\triangle EGC})}{\frac{1}{2}(S_{\triangle ACD} + S_{EGCD})} \quad (\text{消去 } H)$$

$$= \frac{1}{2} S_{\triangle GFA} + \frac{1}{2}(S_{\triangle FDA} + S_{\triangle FDG}) \cdot \frac{S_{\triangle EAC} + S_{\triangle EGC}}{S_{\triangle ACD} + S_{\triangle EGC} + S_{\triangle ECD}} \quad (\text{化简})$$

$$= \frac{1}{2} \cdot \frac{1}{2} S_{\triangle BFA} + \frac{1}{2}\left(S_{\triangle FDA} + \frac{1}{2} S_{\triangle FDB}\right)$$

$$\cdot \frac{S_{\triangle EAC} + \frac{1}{2} S_{\triangle EBC}}{S_{\triangle ACD} + \frac{1}{2} S_{\triangle EBC} + S_{\triangle ECD}} \quad (\text{消去 } G)$$

$$= \frac{1}{4}\left(\frac{1}{2} S_{\triangle BEA} + \frac{1}{2} S_{\triangle BCA}\right)$$

$$+ \frac{1}{2}\left[\frac{1}{2} S_{\triangle CDA} + \frac{1}{2}\left(\frac{1}{2} S_{\triangle CDB} - \frac{1}{2} S_{\triangle EDB}\right)\right]$$

$$\cdot \frac{S_{\triangle EAC} + \frac{1}{2} S_{\triangle EBC}}{S_{\triangle ACD} + \frac{1}{2} S_{\triangle EBC} + S_{\triangle ECD}} \quad (\text{消去 } F)$$

$$= \frac{1}{8}\left(\frac{1}{2} S_{\triangle BDA} + S_{\triangle BCA}\right) + \frac{1}{4}\left[S_{\triangle CDA} + \left(\frac{1}{2} S_{\triangle CDB} - \frac{1}{4} S_{\triangle ADB}\right)\right]$$

$$\cdot \frac{\frac{1}{2} S_{\triangle DAC} + \frac{1}{2}\left(\frac{1}{2} S_{\triangle ABC} + \frac{1}{2} S_{\triangle DBC}\right)}{S_{\triangle ACD} + \frac{1}{2}\left(\frac{1}{2} S_{\triangle ABC} + \frac{1}{2} S_{\triangle DBC}\right) + \frac{1}{2} S_{\triangle ACD}}$$

$$= \frac{11}{64} S_{ABCD}.$$

解法 3（质点法 + 行列式）

$$B + D = A + C, D = A + C - B.$$

$$E = \frac{1}{2}A + \frac{1}{2}D = A - \frac{1}{2}B + \frac{1}{2}C,$$

$$F = \frac{1}{2}E + \frac{1}{2}C = \frac{1}{2}A - \frac{1}{4}B + \frac{3}{4}C,$$

$$G = \frac{1}{2}B + \frac{1}{2}F = \frac{1}{4}A + \frac{3}{8}B + \frac{3}{8}C,$$

$$H = \frac{1}{2}A + \frac{1}{2}G = \frac{5}{8}A + \frac{3}{16}B + \frac{3}{16}C,$$

设 $I = xC + (1-x)E = yD + (1-y)H$，即

$$I = xC + (1-x)\left(A - \frac{1}{2}B + \frac{1}{2}C\right)$$

$$= y(A + C - B) + (1-y)\left(\frac{5}{8}A + \frac{3}{16}B + \frac{3}{16}C\right),$$

解方程

$$\begin{cases} 1 - x = \dfrac{5(1-y)}{8} + y, \\ -\dfrac{1}{2}(1-x) = \dfrac{3(1-y)}{16} - y, \\ x + \dfrac{1}{2}(1-x) = y + \dfrac{3}{16}(1-y), \end{cases}$$

得

$$\begin{cases} x = \dfrac{3}{16}, \\ y = \dfrac{1}{2}. \end{cases}$$

所以

$$I = \frac{1}{2}H + \frac{1}{2}D = \frac{13}{16}A - \frac{13}{32}B + \frac{19}{32}C,$$

$$\frac{S_{\triangle HGF}}{S_{\triangle ABC}} = \begin{vmatrix} \frac{5}{8} & \frac{3}{16} & \frac{3}{16} \\ \frac{1}{4} & \frac{3}{8} & \frac{3}{8} \\ \frac{1}{2} & -\frac{1}{4} & \frac{3}{4} \end{vmatrix} = \frac{3}{16},$$

$$\frac{S_{\triangle IHF}}{S_{\triangle ABC}} = \begin{vmatrix} \frac{13}{16} & -\frac{13}{32} & \frac{19}{32} \\ \frac{5}{8} & \frac{3}{16} & \frac{3}{16} \\ \frac{1}{2} & -\frac{1}{4} & \frac{3}{4} \end{vmatrix} = \frac{5}{32},$$

$$\frac{S_{GFIH}}{S_{ABCD}} = \frac{1}{2}\left(\frac{S_{\triangle HGF}}{S_{\triangle ABC}} + \frac{S_{\triangle IHF}}{S_{\triangle ABC}}\right)$$

$$= \frac{1}{2}\left(\frac{3}{16} + \frac{5}{32}\right) = \frac{11}{64}.$$

【例 17.5】 如图 17.5,已知 $MNPQ$ 为平行四边形,在 QP 的延长线上任取一点 S,直线 MS 与 NQ 交于 T,与 NP 交于 R. 求证:

$$\frac{1}{MR} + \frac{1}{MS} = \frac{1}{MT}.$$

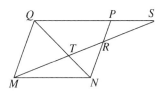

图 17.5

证法 1 图 17.5 中各点可依 M, N, P, Q, S, R, T 顺次作出,故可依 T, R, S, Q, $\cdots$ 的顺序消去. 在 QP 上取 S 时可设 $\overrightarrow{PS} = \lambda \overrightarrow{QP}$,则

$$\frac{\overrightarrow{MT}}{\overrightarrow{MR}} \cdot \frac{\overrightarrow{MS}}{\overrightarrow{TS}} = \frac{S_{\triangle MNQ}}{S_{MNRQ}} \cdot \frac{S_{MNSQ}}{S_{\triangle QNS}} = \frac{S_{\triangle MNQ}}{S_{\triangle QNS}} \cdot \frac{(S_{\triangle MNQ} + S_{\triangle QNS})}{(S_{\triangle MNQ} + S_{\triangle QNR})}$$

$$= \frac{S_{\triangle MNQ}}{S_{\triangle QNS}} \cdot \frac{(S_{\triangle MNQ} + S_{\triangle QNS})}{\left(S_{\triangle MNQ} + \frac{S_{\triangle MNS} \cdot S_{\triangle QNP}}{S_{MNSP}}\right)}.$$

以下消去 S：记 ▱$MNPQ$ 面积为 $2a$，则

$$S_{\triangle MNQ} = S_{\triangle QNP} = S_{\triangle MNS} = a,$$
$$S_{\triangle QNS} = (1+\lambda)S_{\triangle QNP} = (1+\lambda)a,$$
$$S_{MNSP} = S_{\triangle MNP} + S_{\triangle PNS} = a + \lambda a = (1+\lambda)a,$$

代入前式得

$$\frac{\overrightarrow{MT}}{\overrightarrow{MR}} \cdot \frac{\overrightarrow{MS}}{\overrightarrow{TS}} = \frac{a[a + (1+\lambda)a]}{(1+\lambda)a\left[a + \frac{a \cdot a}{(1+\lambda)a}\right]} = \frac{a^2(2+\lambda)}{a^2(2+\lambda)} = 1.$$

证法 2 要证的等式可变形为

$$\frac{MT}{MR} = 1 - \frac{MT}{MS} = \frac{MS - MT}{MS} = \frac{TS}{MS},$$

即要证明

$$\frac{\overrightarrow{MT}}{\overrightarrow{TS}} \cdot \frac{\overrightarrow{MS}}{\overrightarrow{MR}} = \frac{S_{\triangle MNQ}}{S_{\triangle SNQ}} \cdot \frac{S_{MNSP}}{S_{\triangle MNP}} = 1.$$

证法 1 是计算机自动生成的解答. 这一证明表明生搬硬套公式会使解答变得复杂. 消点法有一定的灵活性. 在顺序消点的原则指导下, 具体消点方法可以随机应变, 以求简单明了. 若实在没有捷径, 就套公式.

消点法是一个普遍有效的解题方法. 消点法解题的要点如下：

① 把题目中涉及的点按作图顺序排队. 作图过程中先出现的点在前面, 后出现的点在后面.

② 把要解决的问题化成对某个式子进行处理化简的问题. 这些式子中都是一些几何量.

③ 从要化简的式子中, 逐步消去由约束条件产生的点, 后产生

的先消去.

④ 消点时,一方面应用该点产生的几何条件,一方面对照图形,注意发现图形提示给我们的捷径.

消点法最大的意义在于使证明过程有章可循.每一步集中注意与某一个点有关的几何量.至于如何消去这个点,则可灵活处理,而不必拘泥于公式.公式的意义在于肯定了消点法在理论上总是行得通的.

而题目中的结论,则是关于某些几何量的等式.以上几题中,我们用到的几何量是共线线段的比.在解题过程中,还常常用到三角形或四边形的面积——这是十分重要的几何量.

解题过程,就是逐步在结论表达式中把由作图产生的约束点消去的过程.消点的方法,则因点产生的原因的不同和有关几何量的不同而不同.由于几何作图总可以归结为有限多种基本作图,几何量也只有那有限的几种,消点方法也只要有限种就够了.这也是消点法能够成功的数学保证.

消点法是一种解题指导思想,而面积法是一种实现这一思想的具体方法,面积法中有很多的工具可以利用,共边定理、共角定理就是其中的杰出代表.当然,也可以采用别的工具来代替.同时我们必须注意到,仅靠共边定理、共角定理是不够的,譬如题目中的垂足该如何消去呢? 这就需要用到"勾股差定理".关于消点法的深入探究,请参看《几何新方法和新体系》.

18 平分面积

平分面积,抓住图形的对称性很重要.有时则需要用到等底等高的三角形面积相等的性质.存在平分线和作出平分线,很多时候难度相差很多.

18.1 分面积趣味问题

【例 18.1】 如图 18.1,有 5 个大小相等的圆,它们之间存在相切的关系,且下面三个圆与一条水平线相切,请作一直线,平分 5 个圆的面积.

解 需要抓住对称性来作图.有两条明显的规律:第一条就是过圆心的直线总是平分圆的面积;第二条就是两个圆相切,过切点的直线总是平分两个圆的面积.

综合这两条,我们可以得到两种作法(图 18.2 和图 18.3).

图 18.1　　　　图 18.2　　　　图 18.3

还有其他的作法么? 是有的.用高等数学中的连续性就很好解释,但要作出图来,则很麻烦.

一位中学老师让学生们作一条直线平分如图 18.4 所示的图形的面积,学生们很快给出三种方案(图 18.5).这时听课的大学生指出,其实可以作无数条直线.中学老师问,那你随便作几条给我看看.大学生无言.

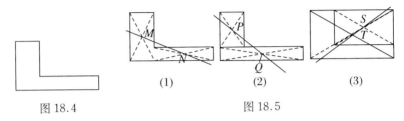

图 18.4　　　　　　　图 18.5

能够作出图来,用学术的词语来说,就是具备构造性.所谓构造性,是指在数学中能具体地给出某一对象或者能给出某一对象的计算方法.反之,也常把数学中的纯存在性证明称之为非构造的.相对而言,构造性数学对所讨论的对象描述更加直接,求解更加具体.构造性数学是"眼见为实",而存在性证明只是证明了"没有被看到的"的存在,这是一种理性的承认.美籍华人数学家王浩对此作了精辟的论述:"构造性数学是做的数学,非构造性数学是在的数学."数学的在是信息模式和结构的在,数学的做是信息加工.

构造性的研究不仅可以得出较为新颖、较为深刻的见解,而且构造性的成果更便于应用.显而易见,提供解答毕竟比单纯证明有解要有意义得多.当一个数的存在能构造地证明时,那么这个数不仅在理论上,而且实际上就可以计算出来.联系到计算机科学已经蓬勃发展,这种构造性数学的研究更有其深远意义.

非构造性观点在现代数学研究中普遍流行.而中学数学教学中通常使用的都是构造性数学.譬如一元二次方程的求解,求两个数的最大公约数等.

由此可看出构造性数学要求远比非构造性数学严格,让人难以把握.

子曰:三人行必有我师.无法考证孔子是否给出过这一命题的证明.假定这一命题是正确的,也仅是说明了存在性,并没有给出一种构造法,让我们很容易地在三个人当中,找出适合自己的老师.

【例 18.2】 在正五边形 $ABCDE$ 所在平面找点 P,使得 $\triangle PCD$ 和 $\triangle BCD$ 面积相等,并且 $\triangle ABP$ 为等腰三角形.试找出所有满足条件的点 P.

解 如图 18.6,$\triangle PCD$ 和 $\triangle BCD$ 面积相等,决定了点 P 只能在 l_1 或 l_2 上,其中 l_1 是指直线 BE,l_2 是 l_1 关于 CD 对称的直线.而使 $\triangle ABP$ 为等腰三角形,则有三种情况:

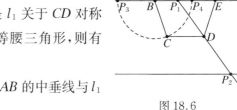

图 18.6

(1) 以 AB 为底边,AB 的中垂线与 l_1 和 l_2 分别交于 P_1,P_2.

(2) 以 PA 为底边,以 B 为圆心、以 BA 为半径作圆,与 l_1 交于 P_3,P_4.

(3) 以 PB 为底边,则点 E 满足条件.

综上,有 5 个满足条件的点.

【例 18.3】 在 $\triangle ABC$ 所在的平面上,三角形重心与顶点的连线将三角形面积等分成三份.求证:在四边形 $ABCD$ 所在的平面上,如果存在点 O,使得 $\triangle ABO$,$\triangle BCO$,$\triangle CDO$,$\triangle DAO$ 面积相等,则点 O 在对角线 AC 或 BD 上.

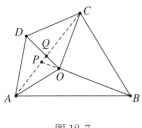

图 18.7

证明 如图 18.7 所示,设对角线 AC 和 OB,OD 分别交于 P,Q,若

△ADO 和△CDO 面积相等,则 AQ = CQ;若△ABO 和△BCO 面积相等,则 AP = CP;如果 P≠O,则 B,P,O,D 四点共线,即点 O 在对角线 BD 上;如果 P = O,则点 O 在对角线 AC 上.

【例 18.4】 如图 18.8,以矩形 ABCD 的 AB 边为直径作半圆,半圆上点 P 分圆弧比为 $\overset{\frown}{AP}:\overset{\frown}{PB} = 1:2$, AB 上点 Q 分 AB 之比为 $AQ:QB = 1:2$, PQ 交 DC 于 E, PE 将整个图形分成两部分, 左边部分与右边部分的面积比为 1:2. 已知 AB = 2, 求 DE.

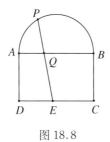
图 18.8

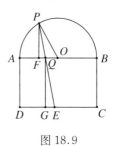
图 18.9

分析 对与圆有关的问题,常常需要作出圆心.此题更是如此,作出圆心,才能使点 P 与其他点建立联系.

证明 如图 18.9,作 AB 中点 O,PF⊥AB,QG⊥DC,容易计算出

$$OQ = \frac{1}{3}, \quad FQ = \frac{1}{6}.$$

由

$$\angle POF = 60°, \quad AQ:QB = 1:2$$

易得 $S_{\text{扇形} AOP} + S_{ADGQ}$ 等于整个图形面积的 1/3,而 PE 分整个图形的面积比为 1:2,所以 $S_{\triangle POQ} = S_{\triangle QEG}$,即

$$\frac{1}{2}OQ \cdot PF = \frac{1}{2}GE \cdot QG,$$

即

$$GE = \frac{OQ \cdot PF}{QG} = \frac{OQ \cdot FQ}{GE} = \frac{1}{18}GE,$$

所以

$$GE = \frac{\sqrt{2}}{6}, \quad DE = DG + GE = \frac{2}{3} + \frac{\sqrt{2}}{6}.$$

【例 18.5】 如图 18.10，直角梯形 $ABCD$ 中，E 是 DC 的中点，直线 EP 平分梯形 $ABCD$ 的面积. 已知 $AB = 20, BC = 36, AD = 10$，求 PB.

解 如图 18.11，设 F 为 AB 的中点，则

$$FE = \frac{10+36}{2} = 23,$$

$$S_{AFED} = \frac{(AD+FE) \cdot AF}{2} = 165,$$

$$S_{ABCD} = \frac{(AD+BC) \cdot AB}{2} = 460,$$

所以

$$S_{\triangle EFP} = \frac{460}{2} - 165 = 65, \quad S_{\triangle EFP} = \frac{FP \cdot 23}{2} = 65,$$

解得

$$FP = 5\frac{15}{23}, \quad PB = 4\frac{8}{23}.$$

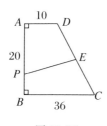

图 18.10

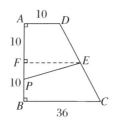

图 18.11

【例 18.6】 如图 18.12,凸四边形 $ABCD$ 中,AB 是最长边,点 M 和 N 分别在边 AB,BC 上,使得线段 AN、CM 都将四边形分成面积相等的两部分.求证:线段 MN 平分对角线 BD.(2008 年加拿大数学奥林匹克试题)

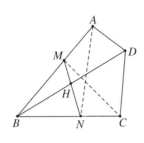

图 18.12 图 18.13

证明 由 $S_{\triangle ABN}=S_{\triangle CBM}$ 得
$$S_{\triangle AMN}+S_{\triangle MBN}=S_{\triangle CMN}+S_{\triangle MBN},$$
即
$$S_{\triangle AMN}=S_{\triangle CMN},$$
所以 $AC /\!/ MN$.如图 18.13,过点 D 作 $PQ /\!/ MN$,P,Q 分别在 BA,BC 上.由 $S_{\triangle CBM}=S_{CDAM}$ 得 $S_{\triangle CBM}=S_{\triangle CPM}$,所以 M 是 BP 中点;而
$$\frac{BH}{DH}=\frac{S_{\triangle BMN}}{S_{\triangle DMN}}=\frac{S_{\triangle BMN}}{S_{\triangle PMN}}=\frac{BM}{PM}=1,$$
所以线段 MN 平分对角线 BD.

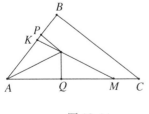

图 18.14

【例 18.7】 设一条直线将三角形分成等面积和等周长的两部分.求证:该直线过三角形的内心.(南斯拉夫,1981)

证明 如图 18.14,设直线分别与 $\triangle ABC$ 的边 AB 和 AC 相交于 K,M,由

周长相等,得
$$AK + AM + KM = KB + BC + CM + KM,$$
即
$$\frac{AK + AM}{AB + AC + BC} = \frac{1}{2}.$$
结合面积相等,则
$$\frac{S_{\triangle AKM}}{S_{\triangle ABC}} = \frac{1}{2} = \frac{AK + AM}{AB + AC + BC}.$$
设 r 是 $\triangle ABC$ 的内切圆半径,则
$$2S_{\triangle ABC} = r(AB + AC + BC).$$
另设 R 是圆心在 KM 上并与边 AK,AM 相切的圆的半径,则
$$2S_{\triangle AKM} = R(AK + AM).$$
因此,$R = r$,当且仅当两个圆的圆心重合时才成立.

18.2 直线平分多边形面积

如何作直线平分任意凸多边形面积?进一步,如何作直线将多边形面积 n 等分?

第一步:"退到"三角形.

平分任意凸多边形面积的直线,并不容易作出. 我们采取先"退","退到"最简单的多边形——三角形中来考虑问题. 正如数学大师华罗庚所讲的那样:"善于'退',足够地'退','退'到最原始而不失去重要的地方,是学好数学的一个诀窍!"

如图 18.15,在 $\triangle ABC$ 中,要作一条直

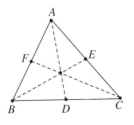

图 18.15

线平分三角形面积非常简单,最容易想到的是过三条中线的直线,所用到的数学原理就是小学所学的"等底等高的三角形面积相等".下面反复运用此原理进行推广.

第二步:满足特殊要求的平分线.

如果还将一些特殊要求附加给平分线:譬如要求平分线经过指定的某点.这一点并不难实现,如图 18.16,先作出中线 BD,然后在 BC(或 AB)边上任取点 E,再作 $BF // DE$ 交 AC 于 F,易证直线 EF 平分△ABC 面积.由于三角形有三条中线,类似地我们还可以作出其他符合要求的直线.而当点 E 在△ABC 边界上运动时,EF 扫过整个平面.所以不管指定点在何位置(包括三角形内,边界,三角形外),都有过这一点的平分线.由此也可以看出,平分线不是唯一的,而且条数还很多.

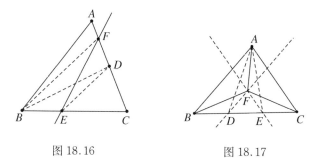

图 18.16　　　　图 18.17

上述附加要求可以看作是一个实际问题的需要:兄弟两人要平分一块三角形土地,且分割线要经过一个共用的水井.类似的实际问题还有:兄弟三人要三等分一块三角形土地,且分割之后,三家都能独当一面.如图 18.17,先作出 BC 边上的两个三等分点 D,E,然后过点 D 作 AB 的平行线,过点 E 作 AC 的平行线,两平行线交于点 F.易证

$$S_{\triangle ABF} = S_{\triangle BCF} = S_{\triangle CAF} = \frac{1}{3}S_{\triangle ABC}.$$

这一问题虽然看起来已经超出平分线的研究范围,但也给我们启示:要等分三角形面积,哪怕还附加特殊条件,都可转化成等分三角形某边长的问题来解决,而且比较容易.

第三步:凸四边形的平分线.

下面运用前文所总结的思想方法作一条平分四边形 $ABCD$ 面积的直线. 如图 18.18,首先过点 C 作 CE 平行 DB 交 AB 延长线于点 E,易证 $S_{ABCD} = S_{\triangle AED}$,则 $\triangle AED$ 的中线 DF 所在直线即为所求. 此处需要注意的是,AE 的中点 F 未必在线段 AB 上,如果 AB 较短,那么点 F 很可能落在线段 AB 的延长线上(图 18.19),所以还得多费一次工夫,过点 F 作 BD 的平行线交 CD 于 G,BG 才是所要求的直线. 由此得出经验,在实际作图时,尽可能选择较长的边.

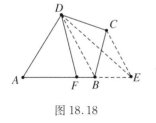

图 18.18

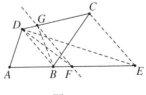

图 18.19

第四步:凸 n 边形的平分线.

图 18.18 和 18.19 的作图步骤已经暗藏了作多边形平分线的通法.

首先,通过作平行线,将凸 n 边形进行等面积变换,逐步变成凸 $n-1$ 边形,凸 $n-2$ 边形……最终变成三角形,图 18.20 所展示的就是 n 边形 $P_1P_2P_3\cdots P_n$ 向 $n-1$ 边形 $KP_3\cdots P_n$ 转化的过程,其中 $P_2K /\!/ P_1P_3$ 交 P_nP_1 的延长线于 K.

其次,作出最终所得三角形的平分线.所作的平分线是否就是所求,还是未知数,因为通过转化得到的凸 $n-1$ 边形的平分线未必就是凸 n 边形的平分线,我们还要像图 18.18 和图 18.19 的作法一样,分情况考虑,逐步将凸 $n-1$ 边形的平分线转化为凸 n 边形的平分线.

按照以上两个步骤就能作出凸多边形的平分线,在具体作图时,还有两点技巧能够减少作图工作量:(1)选择多边形的较长边;(2)在多边形转化成三角形的过程中,要灵活处理.

下面给出五边形 $ABCDE$ 平分线的具体作法:如图 18.21 所示,首先过点 E 作 EF 平行于 DA 交 BA 延长线于点 F,过点 C 作 CG 平行于 DB 交 AB 延长线于点 G,则 $\triangle DFG$ 的中线 DH 所在直线即为所求平分线.

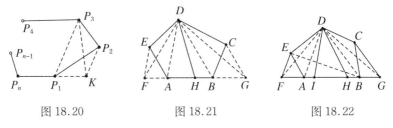

图 18.20　　　　图 18.21　　　　图 18.22

第五步:平分线的本质及推广.

由以上作法可知,多边形的平分线问题可化归为三角形的平分线问题,而三角形的平分线问题实质就是"等底等高的三角形面积相等".我们在完成 2 等分凸多边形面积之后,可以很容易地实现 n 等分凸多边形面积,图 18.22 就是 3 等分五边形的作法,其中点 I,H 是线段 FG 的三等分点.

补充说明 1:过 $\triangle ABC$ 外某点 P 作一直线等分 $\triangle ABC$ 的面积.

在第二步虽然说明了"不管指定点在何位置(包括三角形内,边界,三角形外),都能作直线平分三角形面积",但要真正作出来则会遇到一些麻烦.

作法如下:

如图 18.23,作 AB 中点 D,作 $\angle CBE = \angle PBD$,$\angle BCE = \angle BPD$,得到点 E;过 P 作 AB 平行线交 EB 延长线于 F;过 P,E,F 三点作圆交 BC 于 G,则 PG 即为所求作的直线.

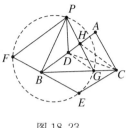

图 18.23

证明 设 PG 交 AB 于 H,由
$$\angle CBE = \angle PBD, \quad \angle BCE = \angle BPD,$$
得 $\triangle CBE \sim \triangle PBD$,所以
$$\frac{BD}{BE} = \frac{BP}{BC}.$$

由
$$\angle BEG = \angle BHP(\text{都与} \angle FPH \text{互补}), \quad \angle CBE = \angle PBD,$$
得 $\triangle BEG \sim \triangle BHP$,所以
$$\frac{BE}{BH} = \frac{BG}{BP}.$$

由 $\dfrac{BD}{BE} = \dfrac{BP}{BC}$ 和 $\dfrac{BE}{BH} = \dfrac{BG}{BP}$ 相乘得到 $\dfrac{BD}{BH} = \dfrac{BG}{BC}$,所以
$$DG /\!/ HC, \quad S_{\triangle CDG} = S_{\triangle HDG}, \quad S_{\triangle BHG} = S_{\triangle BCD} = \frac{1}{2} S_{\triangle ABC}.$$

此题作法并不算太复杂,证明也不是很困难.但作图思路如何而来?若不是妙手偶得之,那必定是千锤百炼而成.

补充说明 2: 在 $\triangle ABC$ 内作点 P,使得
$$S_{\triangle ABP} : S_{\triangle BCP} : S_{\triangle CAP} = 1 : 2 : 3.$$

作法 1: 如图 18.24,在 BC 边上作点 D, E,使得
$$BD : DE : EC = 1 : 2 : 3,$$

再过 D 作 BA 的平行线,过 E 作 CA 的平行线,两平行线交于一点,即为所求作的点 P.

作法 2:如图 18.25,在 BC 边上作点 D,使得 $BD:DC=1:3$;在 AC 边上作点 E,使得 $AE:EC=1:2$;AD 和 BE 的交点即为所求作的点 P.

两种作法各有所长.作法 1 将面积比例问题转化为线段比例问题,再利用平行线的性质加以转化;其原理是等底等高的两三角形面积相等,容易理解,但比作法 2 要多作两条平行线.作法 2 的作图原理是共边定理,作图简单一些.

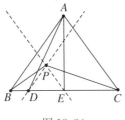
图 18.24

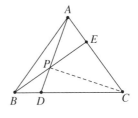
图 18.25

19 趣味分割

如何分割是面积法解题的一大关键.

本章将给出一些趣味性的案例,供大家思考.

有一点想提醒大家,有趣并不一定容易.有些题,要做出来肯定是要花不少工夫的.

【例 19.1】 马丁·加德纳的《奇妙的切割》.

在美国著名科普作家马丁·加德纳的名著《啊哈!灵机一动》中记载了一个有趣的故事——《奇妙的切割》.故事的主人公兰莎是个测量员,他善于把各种形状的木头分割成若干形状相同的小块.一次,有人请他把一块木头分割成形状相同的四块(图 19.1),兰莎对这块木头进行如图 19.2 所示的分割.又有一次,有人请他把一块土地划分为形状相同的四部分(图 19.3).这可不是件容易的事情.但是,经过一番苦思冥想,他终于解决了问题(图 19.4).把一块正方形的木头分成四块相同的小正方形,这对于兰莎来说自然不成问题(图 19.5),但是要把它分成同样形状的五块,兰莎有些犯难了."这如何是好!"兰莎暗想,"一定能找出一种办法来,噢,有了!"

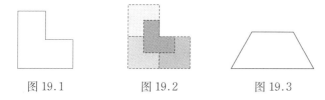

图 19.1　　　　图 19.2　　　　图 19.3

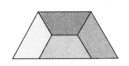

图 19.4　　　　　图 19.5　　　　　图 19.6

你知道兰莎想到怎样分割了吗？像图 19.6 所示的方法可以把一个正方形分成任意等份.

前两个问题都不是规则图形,解答有一定难度.而最后一问,解答方法如此浅显却难以想到,令人惊讶,令人遗憾.正如古语有云:智者千虑必有一失.当然兰莎最终还是弥补了这"一失".

故事虽然结束了,但它留给我们很多的思考空间.

思考 1:可缩图形的充分挖掘.

前两个问题,分割后的小块与分割前的大块形状相似.如果一个图形能分成若干彼此全等而又与原图形相似的小图形,那么我们可以把这一类图形叫做"可缩图形".显然,若干小的可缩图形可以拼成同形状的大的可缩图形.假设某种可缩图形能够取之无尽,用之不竭,可以推想它们拼成的同形状的大的可缩图形可以逐步铺满整个平面.譬如兰莎解决的第一个问题是 L 形可缩图形,四个同样的小 L 形可以拼成一个大 L 形,然后四个同样的大 L 形可以拼成一个更大的 L 形.这样无止境地拼下去,结果当然会拼成一个无尽头的平面.反之,一个大 L 形分成四个小 L 形,每一个小 L 形再分成四个更小的 L 形.这样无止境地分下去,图形会越来越小,直至无穷小.

无穷小,中学数学教学涉及得并不多.在无穷递缩等比数列公式中算是出现了一次.在介绍 $S = a_1 + a_1 q + a_1 q^2 + a_1 q^3 + \cdots = \dfrac{a_1}{1-q}$ 时,几乎所有教科书上都会有这样的一个图片(图 19.7),用来直观表

示
$$\frac{1}{2}+\frac{1}{2^2}+\cdots+\frac{1}{2^n}+\cdots=1.$$

如果结合可缩图形的性质,我们完全可以在图 19.2、图 19.4 的基础上继续作图,得到图 19.8、图 19.9,这两个图片都能直观表示

$$\frac{1}{4}+\frac{1}{4^2}+\cdots+\frac{1}{4^n}+\cdots=\frac{1}{3}.$$

我们可以用更常见的图形表达这一式子,如图 19.10 和图 19.11 所示.

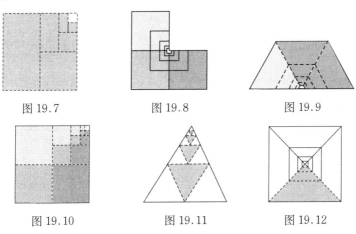

图 19.7　　　　图 19.8　　　　图 19.9

图 19.10　　　图 19.11　　　图 19.12

进一步扩大战果.图 19.12 表示了

$$\frac{1}{5}+\frac{1}{5^2}+\cdots+\frac{1}{5^n}+\cdots=\frac{1}{4}$$

(图 19.12 的构造和图 19.11 没有本质的区别.作正方形,在其正中位置作一小正方形,两正方形面积比为 1/5,而四周的梯形面积也为整个大正方形的 1/5.继续这样下去,不断产生的梯形会填满整个大正方形的 1/4).这一表达式是否还能另外构造图形呢?上文提到了正方形等分成 5 个小正方形是很困难的,所以必须另辟蹊径.图

19.13、图 19.14 和图 19.15 就是其中一种设计(深灰色部分先是占整个图形面积的 1/5,逐步分割最中间的那个小正方形,扩展为 $\frac{1}{5}+\frac{1}{5^2}$,$\frac{1}{5}+\frac{1}{5^2}+\frac{1}{5^3}$,…),而在此基础上另一种设计则已经构成标准的分形图案了(图 19.13、图 19.16 和图 19.17).

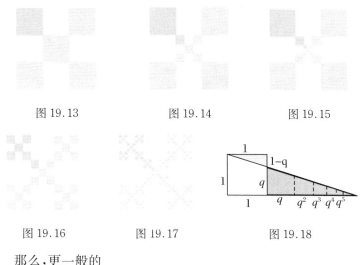

图 19.13　　　　图 19.14　　　　图 19.15

图 19.16　　　　图 19.17　　　　图 19.18

那么,更一般的

$$q + q^2 + \cdots + q^n + \cdots = \frac{q}{1-q}$$

怎么构造呢？ 如图 19.18,由三角形相似得

$$\frac{q + q^2 + q^3 + \cdots}{1} = \frac{q}{1-q},$$

再利用合分比公式,得

$$\frac{1 + q + q^2 + q^3 + \cdots}{1} = \frac{q + 1 - q}{1 - q} = \frac{1}{1-q}.$$

若将首项由 1 改成 a_1,则得

$$S = a_1 + a_1 q + a_1 q^2 + a_1 q^3 + \cdots = \frac{a_1}{1-q}.$$

思考 2：等分面积的深入研究．

一个问题，如果约束条件太多，很可能造成无解的结局；而一旦约束条件过少，则会产生很多解，求解的意义就不大了．

将正方形等分成五个小正方形，这是个无解的问题．若不要求分割后的形状相同，只要求面积相等，那么分割方法可就多了．此时可附加一条件以作限制：分割后各部分都要经过正方形中心 O．这也是可以做到的，如图 19.19 所示，将正方形周长分成 5 等份，其依据是等底等高的三角形面积相等．

若要将一个圆等分面积，最容易想到的就是作一条直径．这样做虽然很简单、直接，但少了一点乐趣．若用图 19.20 的分割方式，则有趣得多，该图形也就是大家非常熟悉的太极图案．图 19.21 展示了将圆面积三等分，继续操作是能够将圆面积 n 等分的．

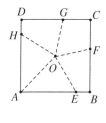

图 19.19

图 19.20

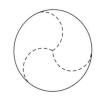

图 19.21

假如我们得到图 19.20 后，另走一条路呢？也是可行的．如图 19.22，作一直径，n 等分该直径，然后作一些半圆，这样的操作同样能够将圆面积 n 等分．读者可以尝试证明．

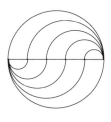

图 19.22

【例 19.2】 依照上文的思路,结合图 19.23,思考:

$$\sum_{k=1}^{n}(-1)^{k-1}\left(\frac{1}{3}\right)^{k-1} = 1 - \frac{1}{3} + \frac{1}{9} - \frac{1}{27} + \frac{1}{81} - \frac{1}{243} + \frac{1}{729} - \cdots$$

$$= \frac{3}{4}.$$

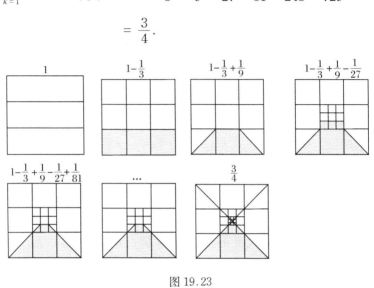

图 19.23

【例 19.3】 依照上文的思路,结合图 19.24,思考:

$$2 = \frac{1}{2} + \frac{2}{2^2} + \frac{3}{2^3} + \cdots.$$

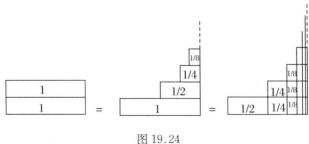

图 19.24

【例 19.4】 如图 19.25,将正方形分成四块,将右上角那一块涂灰.如图 19.26,然后将剩余三块作类似处理.如此继续,涂灰的部分能逼近原来整个正方形吗?

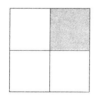

图 19.25　　　　图 19.26

如果我们分析未涂灰的部分的面积,则比较容易回答此问题.第一次未被涂灰的部分是 $\frac{3}{4}$,第二次未被涂灰的部分是 $\left(\frac{3}{4}\right)^2$,以此类推,最后未被涂灰的部分是 $\left(\frac{3}{4}\right)^n \to 0$.

【例 19.5】 求圆的外切正六边形和内接正六边形的面积比.

解 如图 19.27 所示进行分割,显然面积比为 4/3.

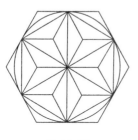 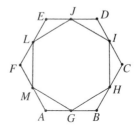

图 19.27　　　　图 19.28

如果去掉外切、内接这些术语,这道题可以拿给小学生做.如图 19.28 所示,正六边形 $ABCDEF$ 中,G,H,I,J,L,M 分别是各边的中点,求 $\dfrac{S_{ABCDEF}}{S_{GHIJLM}}$.

除了图 19.27 的分割方法之外,还可以如图 19.29 和 19.30 进

行分割,都可得

$$\frac{S_{ABCDEF}}{S_{GHIJLM}} = \frac{24}{18} = \frac{4}{3}.$$

图 19.29　　　　　图 19.30

【例 19.6】 七巧板分割.

图 19.31 是有着悠久历史的七巧板.

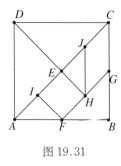

图 19.31

七巧板的发明起初是为了打发无聊的时光.后来,七巧板从宫廷贵族流传到寻常百姓家,最后风靡世界.除了能够拼出各种有趣的图案,它自身还有哪些奥秘呢?

可以肯定,一个事物要想在古代民间流行,它必须是简单、容易操作的,中点无疑符合这一要求.

现在的一些资料提起数学美,动不动就是黄金分割.试想,如果七巧板采用的是黄金分割的话,那么使用者还必须先学数学知识,这会造成推广普及上的障碍.

古代中国人可能更喜欢取其"中",只要取六个中点就可以构成一幅七巧板.这样,大家可以自己制作.

如图 19.31 所示,先作正方形 ABCD,再连接对角线 AC.作 AC 中点 E,连接 DE.作 AB 中点 F,BC 中点 G,连接 FG.作 FG 中点 H,连接 EH.作 AE 中点 I,连接 IF.作 EC 中点 J,连接 HJ.

掌握了七巧板的作法,那么七块小板之间的面积关系自然也就一清二楚了.

【例 19.7】 如何把一个四边形分割成四块之后,再重组成平行四边形、矩形、三角形?

作法:设 E, F, G, H 分别是 AB, BC, CD, DA 四边的中点.

如图 19.32,设 EG 交 FH 于 I,将四边形 $FCGI$ 平移$\overrightarrow{CA}$;以 E 为中心,将四边形 $BFIE$ 旋转$180°$;以 H 为中心,将四边形 $IGDH$ 旋转$180°$.

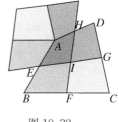

图 19.32

如图 19.33,作 $FJ \perp EG, HK \perp EG$,将四边形 $FCGJ$ 平移$\overrightarrow{CA}$;以 E 为中心,将四边形 $BFJE$ 旋转$180°$;以 H 为中心,将四边形 $KGDH$ 旋转$180°$.

如图 19.34,在 EH 上作点 P,将四边形 $FCGP$ 平移$\overrightarrow{CA}$;以 E 为中心,将四边形 $BFPE$ 旋转$180°$;以 H 为中心,将四边形 $PGDH$ 旋转$180°$.

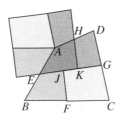

图 19.33

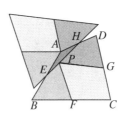

图 19.34

甚至可以将四边形(假设有足够多)铺满整个平面.想想该如何构造.

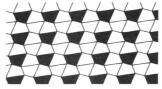

图 19.35

【例 19.8】 设原正方形边长为 1,分割成 3 个等面积的小正方形之后,小正方形边长为 $\frac{\sqrt{3}}{3}$.

一个大正方形经过分割重组能够得到两个小的正方形,根据勾股定理是容易办到的.若是 3 个面积相等的小正方形,应该如何分解组合呢?

构造 $\sqrt{3}$ 是解题关键.如图 19.36,以 D 为圆心、以 DB 为半径作圆交 DC 延长线于 E,则 $DE=\sqrt{2}$.作 $BF \perp AE$;在 AE 延长线上取点 G,满足 $AE=FG$;过 B 作 AE 的平行线交 DC 延长线于 H;J,K 分别是 BH 的三等分点;I,L 分别是 FG 的三等分点;M 是 CH 和 KL 的交点;$OB=MH$;$AP=EL$;$AQ=PF$;$RQ=BF$,$RQ \parallel BF$;S 是 BC 和 AE 交点;$QT=AQ$;$UT \perp AE$ 交 DC 于 U;过 R 作 AE 的平行线交 AD 于 V,DC 于 W;$UC=MX$;$XY \perp CE$ 交 BH 于 Y.

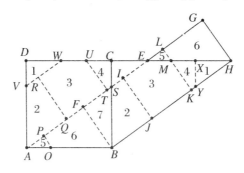

图 19.36

线段长度标记见图 19.37,剪拼前后效果见图 19.38.

对于此问题,我们也可以逆反思维,考虑分割三个边长为 a 的正方形,重组之后得到一个边长为 $\sqrt{3}a$ 的正方形.线段长度标记见图 19.39,剪拼前后效果见图 19.40.

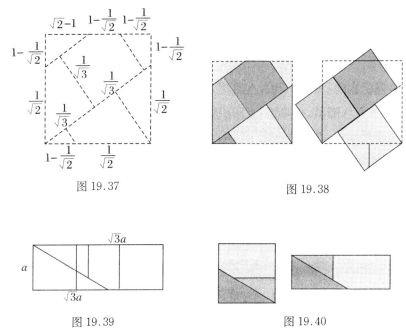

图 19.37　　　　　图 19.38

图 19.39　　　　　图 19.40

数学家已经证明:一个多边形可以通过面积分割重组成另一个面积相等的多边形.不过,具体操作的时候还是有一定难度,不信的话,可以试试:

(1) 将一个正三角形分割成 4 块,拼成一个正方形(图 19.41).

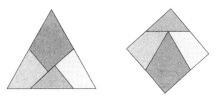

图 19.41

(2) 将一个正六边形分割成 5 块,拼成一个正方形(图 19.42).

图 19.42

(3) 将一个正八边形分割成 5 块,拼成一个正方形(图 19.43).

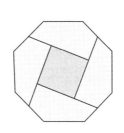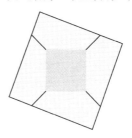

图 19.43

以上三个分割都要经过计算才能定位.而图 19.44 和图 19.45 显示的转化则要简单很多.

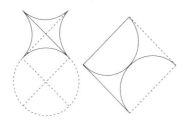

图 19.44　　　　　　　图 19.45

20 无字证明中的奥秘

多年前,曾在美国的数学网站上看到这样的一个图片(图20.1),只有图片,没有文字说明.当时,笔者很迷糊,在大正方形当中作两个小正方形和$\sqrt{2}$有什么关系啊?

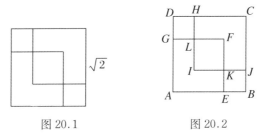

图 20.1　　　　图 20.2

几年后在研究面积法出入相补时,才恍然大悟,图20.1原来是一个无字证明.为了说明方便,我们将图20.1加上标签.图20.2的意思是,如果

$$S_{ABCD} = 2S_{AEFG} = 2S_{IJCH},$$

那么

$$S_{IKFL} = 2S_{EBJK} = 2S_{GLHD}.$$

这和$\sqrt{2}$有什么关系呢?通常证明$\sqrt{2}$是无理数的思路是:假设$\sqrt{2}$可以写成既约分数$\dfrac{p}{q}$,但我们总是能够找到$p'<p,q'<q$,使得$\sqrt{2}=\dfrac{p'}{q'}$,而这一过程是无穷无尽的;为了避免无穷,一般采用反证法结束.

更具体地说,假设 2 可以写成既约分数 $\dfrac{p^2}{q^2}(p>q)$,则必然能够找到

$$p' = 2q - p < p, q' = p - q < q,$$

使得 $2=\dfrac{p'^2}{q'^2}$,也就是

$$\sqrt{2} = \frac{p}{q} = \frac{2q}{p} = \frac{2q-p}{p-q},$$

相当于:如果 $p^2 = 2q^2$,则一定存在 $(2q-p)^2 = 2(p-q)^2$. 而这一过程是无穷无尽的,与最小数原理矛盾. 这样的证明和费马使用的无限下降法在思想上是完全一致的.

很明显,这一证明设计巧妙,和我们平常所见的直白的无字证明明显不是一个层次,更有深度,让人回味.

这给笔者一个提醒,看事物的时候,总有个习惯角度,而忽视了另一些东西. 拿图 20.1 来说吧,笔者总是将之看作是在大正方形内加了两个小正方形,却没有那种敏锐的目光,看出此时又多了三个小正方形.

同时,笔者认为如果将图 20.1 改成图 20.3,则更有味道. 在西方,毕达哥拉斯通常被认为是发现勾股定理并给出证明的第一人. 据说,他在观察地板上的方形图案时,发现以直角三角形的斜边为边长的正方形的面积,恰好是以这个直角三角形的两条直角边为边长的正方形的面积之和,于是受到启发,进一步找出了一般证明. 勾股定理的发现,无疑为后来 $\sqrt{2}$ 的出现,第一次数学危机的发生埋下了伏笔. 毕达哥拉斯首先发现的是等腰直角三角形满足勾股定理,那么如果把直角边上的两个小正方形移到斜边上的大正方形中去,不就成图 20.3 了么? 将图 20.1 变成图 20.3,不但让人更容易理解图20.1,

而且与数学史结合之后,更有文化底蕴,暗示着毕达哥拉斯发现勾股定理的那一刻起,危机就已存在.

图 20.3

图 20.4

对于图 20.1,我们更常见的用途是证明不等式.如图 20.4,显然有 $2(a^2+b^2) \geqslant (a+b)^2$,可变形为

$$\sqrt{\frac{a^2+b^2}{2}} \geqslant \frac{a+b}{2}, \quad a^2+b^2 \geqslant 2ab, \quad a+b \geqslant 2\sqrt{ab}.$$

类似地,可以用图 20.5 来证明不等式.图 20.5 可看作是从图 20.4 脱胎而来,本质上是一样的,但对称性就差了点.(作正方形 ABCD 和 BEFG,连结 AC,连结 EG 并延长与 AC 交于 H,设

$$AB = a, \quad BE = b,$$

由 $S_{\triangle ABC} + S_{\triangle BEG} \geqslant S_{\triangle AEH}$ 得 $\frac{1}{2}(a^2+b^2) \geqslant \left(\frac{a+b}{2}\right)^2$.)

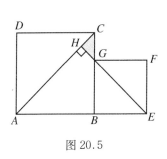
图 20.5

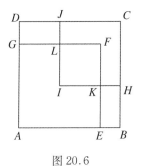
图 20.6

类似图 20.1 的图形,其实在中国古代数学典籍中早有出现,并被用来解决实际问题.

《九章算术》有专门的章节介绍勾股定理的应用.其中有这么一段：

今有户不知高广,竿不知长短.横之不出四尺,从之不出二尺,邪之适出.问户高、广、衺各几何？

答曰：广六尺,高八尺,衺一丈.

术曰：从、横不出相乘,倍,而开方除之.所得加从不出即户广,加横不出即户高,两不出加之,得户衺.

译文：门高比竿长小2尺,门宽比竿长小4尺,如果竿长正好等于对角距离,那么竿长和门高、门宽各为多少？

关键词翻译：户：门. 广：宽. 不出：出不去. 从：纵. 邪：斜. 衺：斜长.

解题公式：设户广为 a,户高为 b,户衺为 c,从不出：$c-b$；横不出：$c-a$；从、横不出相乘：$(c-b)(c-a)$；倍：$2(c-b)(c-a)$；而开方除之：$\sqrt{2(c-b)(c-a)}$；加从不出即户广即为

$$a = \sqrt{2(c-b)(c-a)} + (c-b),$$

加横不出即户高即为

$$b = \sqrt{2(c-b)(c-a)} + (c-a),$$

两不出加之得户衺即为

$$c = \sqrt{2(c-b)(c-a)} + (c-b) + (c-a).$$

此处需要注意的是,我们已知的是 $c-b$ 和 $c-a$.这就是已知弦股差和弦勾差求勾、股、弦的公式.用这三个公式,我们可以很快求出

$$a = \sqrt{2 \cdot 2 \cdot 4} + 2 = 6,$$
$$b = \sqrt{2 \cdot 2 \cdot 4} + 4 = 8,$$
$$c = \sqrt{2 \cdot 2 \cdot 4} + 2 + 4 = 10.$$

这些公式如何得来的呢？中国古代数学家给出以下的证法．构造图20.6，设 $HC=a$，$AE=b$，$AB=c$，注意到 $a^2+b^2=c^2$，矩形 $EBHK$ 和矩形 $DGLJ$ 全等，根据面积关系可得 $S_{IKFL}=2S_{EBHK}$．即

$$[a-(c-b)]^2=2(c-b)(c-a),$$

$$a=\sqrt{2(c-b)(c-a)}+(c-b).$$

同理可得

$$b=\sqrt{2(c-b)(c-a)}+(c-a),$$

在等式两边加上 $(c-b)$ 得

$$c=\sqrt{2(c-b)(c-a)}+(c-b)+(c-a).$$

也许读者对上面的公式和推导看得并不是很习惯，这是因为我们大家已经习惯用现代解法来解题了．

现代解法：设门的对角线长（即竿长）为 x，则门高为 $x-2$，门宽为 $x-4$，根据勾股定理

$$x^2=(x-2)^2+(x-4)^2,$$

解得

$$x=10, x-2=8, x-4=6.$$

我们要客观地评价古今的解法．首先要肯定古代数学家所作的探索，他们对一些典型问题进行分类，并针对问题给出一个解决方案，称之为"术"，将来遇到同样问题的时候，就有模子可套用，这便于传授给一些知识水平比较低的人；而且古代解法巧妙，利用面积关系，无需解一元二次方程．同时，我们要看到古代解法注重于特例，忽视通法．其实，《九章算术》中《勾股篇》那么多问题，只要学过勾股定理就都能解决，没必要再去学习"已知弦股差和弦勾差求勾、股、弦"一类的公式，而且这样的公式用勾股定理都能很快推导，无需再花心思——构图巧证．

《九章算术》对各种典型问题给出可套公式的"术",是因为当时能够接受教育的人始终是少数,学习数学的机会则更少,在生产、生活中却又需要用到数学,将数学"傻瓜化"是有利于数学的传播和应用的.而现在很多复习资料详详细细地介绍各种"解题术",老师也反反复复讲,这是因为现在的考试时间分秒必争,对很多问题的解答,已经不允许学生思考,而是要形成所谓的"条件反射",从而导致题海战术久盛不衰.我们要注意古今两种解题术在性质上可是完全不同的.

21 不断生长的余弦树

几何问题一直以来都是很多数学爱好者的"挚爱". 近十多年来,计算机的普及和几何软件的出现又掀起了研究几何问题的新高潮. 计算机的帮忙使得"发现"几何命题更加容易,但另一方面,几何学毕竟已经研究了上千年,真正的原创又谈何容易. 勾股树是勾股定理教学中一个有趣的素材,其原理是利用勾股定理,不断地将一个正方形面积分割成两个正方形的面积之和;倘若不用计算机的话,绘制勾股树是相当繁琐的. 勾股定理是余弦定理的一个特例,能否设计一棵与余弦定理相关的"树"呢?

如图 21.1,$\triangle ABC$ 是任意三角形,分别以三边为边长向外作正方形,然后再分别以 DG、EH、FI 为边长向形外作正方形,则
$$\frac{S_{DGJK}+S_{ENPH}+S_{FILM}}{S_{ACFG}+S_{ADEB}+S_{BHIC}}=\underline{\qquad}.$$

用超级画板作好图形,测量后容易发现结果为 3. 若要证明此结论,也不难,反复利用余弦定理即可.

$$DG^2 = DA^2 + AG^2 - 2DA \cdot AG\cos\angle DAG,$$
$$EH^2 = EB^2 + BH^2 - 2EB \cdot BH\cos\angle EBH,$$
$$FI^2 = FC^2 + CI^2 - 2FC \cdot CI\cos\angle FCI,$$
$$BC^2 = BA^2 + AC^2 - 2BA \cdot AC\cos\angle BAC,$$
$$AC^2 = AB^2 + BC^2 - 2AB \cdot BC\cos\angle ABC,$$

$$AB^2 = AC^2 + CB^2 - 2AC \cdot CB\cos\angle ACB,$$

六式相加可得

$$DG^2 + EH^2 + FI^2 = 3 \cdot (AB^2 + BC^2 + CA^2),$$

命题得证.

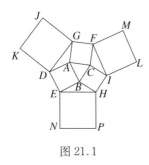

图 21.1

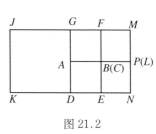

图 21.2

由于原题为填空题,我们可以"投机取巧",考虑一种特殊的情形,因为一般说来,这种题目的结论是唯一的,而且在特殊情况下结论仍然成立.如图 21.2,当 $\triangle ABC$ 退化成一条线段时,若 B、C 两点重合,则正方形 $BCHI$ 化为一点 B,且 P、L 两点也重合,易得

$$\frac{S_{DGJK} + S_{ENPH} + S_{FILM}}{S_{ACFG} + S_{ADEB} + S_{BHIC}} = \frac{S_{DGJK} + S_{ENPB} + S_{FBPM}}{S_{ABFG} + S_{ADEB} + 0} = 3.$$

若取 $\triangle ABC$ 为正三角形,也很容易计算出结果.

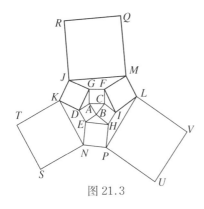

图 21.3

已经作了两组正方形,容易想到继续作第 3 组正方形.如图 21.3,分别以 JM、KN、PL 为边长向形外作正方形;用超级画板测量后发现:

(1) 四边形 $GFMJ$、$DKNE$ 和 $HPLI$ 都是梯形,且面积都为 $5S_{\triangle ABC}$;

(2) $\dfrac{JM}{GF} = \dfrac{KN}{DE} = \dfrac{PL}{HI} = 4$.

由(2)自然得到

$$\dfrac{S_{JMQR}}{S_{ACFG}} = \dfrac{S_{KTSN}}{S_{ADEB}} = \dfrac{S_{PUVL}}{S_{BHIC}} = \dfrac{S_{JMQR} + S_{KTSN} + S_{PUVL}}{S_{ACFG} + S_{ADEB} + S_{BHIC}} = 16.$$

通过测量发现这些事实后,证明就不难了.

证明 首先证四边形 $GFMJ$ 是梯形.根据三角形面积公式可得

$$S_{\triangle GFM} = S_{\triangle CFI} = S_{\triangle CAB} = S_{\triangle AGD} = S_{\triangle GFJ},$$

所以 $JM \mathbin{\!/\mkern-5mu/\!} GF$,四边形 $GFMJ$ 是梯形.同理可证另外两个四边形也是梯形.

为了看得更加清楚,从图 21.3 中抽取部分,并添加辅助线.如图 21.4,以点 A,G,J 为顶点作平行四边形 $AGJW$,以点 M,F,C 为顶点作平行四边形 $CXMF$;设 JG,MF 交于 Y,WA,XC 交于 Z.

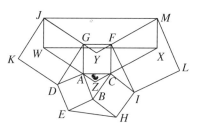

图 21.4

首先证明一个几何命题.如图 21.5,分别以 $\triangle ABC$ 的两边 AB,AC 向外作两个正方形,AH 为 BC 边上的高,延长 HA 交 DG 为 I,求证:$DI = IG$.

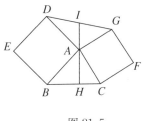

图 21.5

证明 由 $\overrightarrow{AI} \perp \overrightarrow{BC}$ 得

$$\overrightarrow{AI} \cdot \overrightarrow{BC} = 0.$$

另一方面,有

$$(\overrightarrow{AD} + \overrightarrow{AG}) \cdot (\overrightarrow{BA} + \overrightarrow{AC})$$
$$= \overrightarrow{AD} \cdot \overrightarrow{AC} + \overrightarrow{AG} \cdot \overrightarrow{BA} = 0,$$

所以

$$\overrightarrow{AD} + \overrightarrow{AG} = t\overrightarrow{AI}.$$

又由于 $\overrightarrow{AD}, \overrightarrow{AG}, \overrightarrow{AI}$ 共起点,且 D, G, I 三点共线,所以 $t=2$,即
$$DI = IG.$$

在图 21.4 中,由 $CX \perp FI$ 可得 XC 的延长线过 AB 中点;同理可得 WA 的延长线过 BC 中点;从而 WA 和 XC 的交点 Z 是 $\triangle ABC$ 的重心, $S_{\triangle AZC} = \frac{1}{3} S_{\triangle ABC}$;根据作图可知
$$S_{\triangle AZC} = S_{\triangle GYF};$$
由
$$S_{\triangle GYF} = \frac{1}{3} S_{\triangle GMF}$$
得
$$\frac{JM}{GF} = 4, \quad S_{GFMJ} = 5 S_{\triangle ABC}, \quad \frac{S_{JMQR}}{S_{ACFG}} = 16;$$

同理可证
$$S_{DKNE} = S_{HPLI} = 5 S_{\triangle ABC},$$
$$\frac{KN}{DE} = \frac{PL}{HI} = 4,$$
$$\frac{S_{KTSN}}{S_{ADEB}} = \frac{S_{PUVL}}{S_{BHIC}} = 16.$$

在图 21.3 的基础上,分别以 TR, US, QV 为边长向形外作正方形. 如图 21.6, 连接 QV, 设 QM, VL 交于 W, 首先证 $ML \parallel QV$, 这是由于

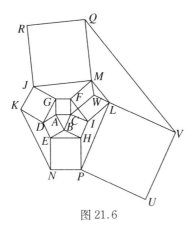

图 21.6

$$S_{\triangle MLV} = S_{\triangle ILP} = S_{\triangle JMF} = S_{\triangle LMQ}.$$

再证四边形 $FCWM$ 为平行四边形,这是由于 $LP \parallel IH$,故 $WL \parallel CI$,

同理 $MW /\!/ FC$,于是 $\triangle MLW \cong \triangle FIC$,推出 $MW = FC$,所以四边形 $FCWM$ 为平行四边形,从而

$$\frac{QV}{ML} = \frac{QM}{MW} + 1 = \frac{JM}{GF} + 1 = 5.$$

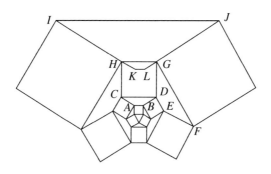

图 21.7

仿照前面的作法继续朝形外作图,每次得到三个新的正方形. 考虑一般的情形,求出梯形两底的比,进而能够求出正方形面积比. 证明四边形是梯形的方法是一样的. 设第 k 级梯形大底是小底的 A_k 倍,可推出 $A_{k+1} = \dfrac{A_k(A_{k-1}-1)}{A_{k-1}} + 1$.

证明 如图 21.7,有

$$\frac{JG}{GL} = \frac{GF}{DE} = A_k, \qquad \frac{HG}{KL} = \frac{CD}{AB} = A_{k-1},$$

故

$$\frac{JI - HG}{HG - KL} = \frac{JG}{GL} = A_k,$$

转化得

$$\frac{JI}{HG} - 1 = A_k\left(1 - \frac{KL}{HG}\right),$$

$$A_{k+1} - 1 = A_k \left(1 - \frac{1}{A_{k-1}}\right),$$

$$A_{k+1} = \frac{A_k(A_{k-1} - 1)}{A_{k-1}} + 1.$$

求出递推公式之后,再结合前面求出的初始两项 $A_1 = 4, A_2 = 5$,利用超级画板计算可得

$$A_3 = \frac{19}{4} = 4.75,$$

$$A_4 = \frac{24}{5} = 4.8,$$

$$A_5 = \frac{91}{19} \approx 4.789473684,$$

$$A_6 = \frac{115}{24} \approx 4.791666667,$$

$$A_7 = \frac{436}{91} \approx 4.791208791,$$

$$A_8 = \frac{551}{115} \approx 4.791304348,$$

$$A_9 = \frac{2089}{436} \approx 4.791284404,$$

$\cdots$.

甚至可以求出 $\lim\limits_{k \to \infty} A_k$ 的近似值为 4.791287847. 由于超级画板具有符号运算功能,所得结果可以保留分数和小数两种形式,这为观察这一组数的规律打下基础. 将初始两项看作是 $\frac{4}{1}, \frac{5}{1}$,观察可得,每一项的分子是后面隔一项的分母;偶数项的分子等于该项的分母与前一项分子之和,譬如 $5 = 1 + 4, 24 = 5 + 19$.

下面我们来求 A_k 的极限. 将每次作出的三个正方形面积之和

作为一个序列 S_k,设最初的三个正方形面积之和为 1,则

$$S_k:1,3,16,75,361,1728,\cdots \quad (k=0,1,2,\cdots),$$

设

$$a_k = \sqrt{S_k}:1,\sqrt{3},4,5\sqrt{3},19,24\sqrt{3},\cdots \quad (k=0,1,2,\cdots),$$

$$A_k = \frac{a_{k+1}}{a_{k-1}} \quad (k=1,2,\cdots)$$

是第 k 级梯形大底与小底的比,由已推出的

$$A_{k+1} = \frac{A_k(A_{k-1}-1)}{A_{k-1}} + 1 = A_k + 1 - \frac{A_k}{A_{k-1}}$$

得

$$\frac{a_{k+2}}{a_k} = \frac{a_{k+1}}{a_{k-1}} + 1 - \frac{a_{k+1}}{a_{k-1}}\frac{a_{k-2}}{a_k},$$

化简得

$$\frac{a_{k+2}-a_k}{a_{k+1}} = \frac{a_k-a_{k-2}}{a_{k-1}}.$$

若 k 为偶数,则

$$\frac{a_k-a_{k-2}}{a_{k-1}} = \frac{a_2-a_0}{a_1} = \sqrt{3},$$

若 k 为奇数,则

$$\frac{a_k-a_{k-2}}{a_{k-1}} = \frac{a_3-a_1}{a_2} = \sqrt{3},$$

于是恒有

$$a_k - a_{k-2} = \sqrt{3}\, a_{k-1},$$

即

$$\frac{a_k}{a_{k-1}}\frac{a_{k-1}}{a_{k-2}} - 1 = \sqrt{3}\,\frac{a_{k-1}}{a_{k-2}}.$$

设 $B_k = \dfrac{a_k}{a_{k-1}}, \lim\limits_{k\to\infty} B_k = C$（证明极限存在需要用到高等数学知识,此处略去）,则

$$C^2 - 1 = \sqrt{3}C, \quad C = \dfrac{\sqrt{3}+\sqrt{7}}{2}（负根舍去）,$$

$$\lim_{k\to\infty} A_k = \left(\lim_{k\to\infty} B_k\right)^2 = \dfrac{5+\sqrt{21}}{2} \approx 4.791287847.$$

此问题还另有推广形式. 图 21.3 中出现了梯形,而不是纯粹的三角形,所以面临两种选择——方案 1:分别以 JM, KN, PL 为边长向外作正方形;方案 2:分别以 JF, GM, EK, ND, IP, LH 为边长向外作正方形. 下面我们对方案 2 作简单探讨.

如图 21.8,分别以 JF, ND, LH 为边长向外作正方形,用超级画板测量后发现

$$\dfrac{S_{RJFQ} + S_{STND} + S_{LHUV}}{S_{GACF} + S_{DEBA} + S_{BHIC}} = 7.$$

若分别以 GM, EK, IP 为边长向外作正方形,也有类似结论成立.

证明此结论也是反复利用余弦定理. 从

$$JF^2 = JG^2 + FG^2 + 2DG \cdot AG\cos\angle DGA,$$
$$DA^2 = DG^2 + AG^2 - 2DG \cdot AG\cos\angle DGA$$

得

$$JF^2 + DA^2 = JG^2 + FG^2 + DG^2 + AG^2,$$

同理,有

$$DN^2 + BH^2 = DE^2 + NE^2 + BE^2 + HE^2,$$
$$HL^2 + CF^2 = HI^2 + LI^2 + CI^2 + FI^2,$$

三式相加整理得

$$JF^2 + DN^2 + HL^2 = 7(AB^2 + BC^2 + CA^2),$$

即

$$\frac{S_{RJFQ} + S_{STND} + S_{LHUV}}{S_{GACF} + S_{DEBA} + S_{BHIC}} = 7.$$

对于图 21.8,能否推广还有待进一步研究. 我们认为本章所得到的一些结论作为余弦定理的应用习题是相当不错的,特此向大家推荐.

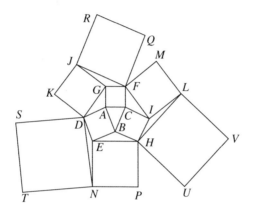

图 21.8

22 从高斯线谈解法优劣

高斯线定理是数学中有名的几何命题,高斯本人对这条定理感到自豪,因为他认为这是一个新发现,他写道:据我所知,迄今还没人注意到关于任意四边形的这个一般性质.

高斯线定理 如图 22.1,设四边形 $ABCD$ 的一组对边 AB 和 DC 的延长线交于点 E,另一组对边 AD 和 BC 的延长线交于点 F,则 AC 的中点 L,BD 的中点 M,EF 的中点 N 三点共线(此线称为高斯线).

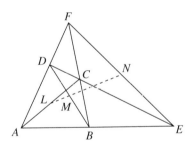

图 22.1

高斯线定理的证法很多,下面给出三种比较巧妙的证明,并进行分析比较,从中引出一些启发供大家参考.

证法 1 如图 22.2,分别过 C,B,E 作 AD 的平行线,过 C,D,F 作 AE 的平行线,则根据平行四边形对角线的性质,可得 $S_{AICH} = S_{CXSR} = S_{CYWU}$,则点 C 在平行四边形 $VWTS$ 的对角线 VT 上,于是

AC,AV,AT 的中点共线,而 AV 与 BD 互相平分,AT 与 EF 互相平分,所以 AC 的中点、BD 的中点、EF 的中点三点共线.

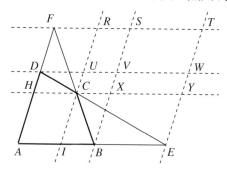

图 22.2

这一证明非常巧妙,但对不少读者来说,此证明还须作两点补充:

(1)即所谓的平行四边形对角线的性质:如果过平行四边形对角线上的一点作两条边的平行线,那么不含这条对角线的两个平行四边形面积相等;反之也成立.

(2)即三角形中位线的性质:过直线外一点 P 分别作直线上的点 A,B,C,$\cdots$ 的连线,各连线的中点 A',B',C',$\cdots$ 共线;反之也成立.

吴文俊院士是非常推崇解析法的,同时他也认为高斯线的欧氏证明需要添加辅助线,推理也比较复杂.在吴文俊院士的《数学机械化》一书中,记载了一种非常巧妙的解析法证明,据说是高斯本人给出的证法.

证法 2 如图 22.1,任意取一个坐标系,并设相关各点为
$$A(A_x,A_y),\quad B(B_x,B_y),$$
依此类推;令对角线中点为

$$L(L_x, L_y), \quad M(M_x, M_y), \quad N(N_x, N_y),$$

则

$$2L_x = A_x + C_x, \quad 2L_y = A_y + C_y,$$

等等. 将几何条件 A, B, E 三点共线转化为代数等式

$$A_x(B_y - E_y) + B_x(E_y - A_y) + E_x(A_y - B_y) = 0,$$

类似地,有

$$A_x(D_y - F_y) + D_x(F_y - A_y) + F_x(A_y - D_y) = 0,$$

$$C_x(B_y - F_y) + B_x(F_y - C_y) + F_x(C_y - B_y) = 0,$$

$$C_x(D_y - E_y) + D_x(E_y - C_y) + E_x(C_y - D_y) = 0,$$

四式相加得

$$(A_x + C_x)(B_y + D_y - E_y - F_y)$$
$$+ (B_x + D_x)(E_y + F_y - A_y - C_y)$$
$$+ (E_x + F_x)(A_y + C_y - B_y - D_y) = 0,$$

即

$$L_x(M_y - N_y) + M_x(N_y - L_y) + N_x(L_y - M_y) = 0,$$

所以 L, M, N 三点共线.

对于此证法,也许读者会有疑问:为什么将 A, B, E 三点共线转化为代数等式

$$A_x(B_y - E_y) + B_x(E_y - A_y) + E_x(A_y - B_y) = 0,$$

通常不是写作 $\dfrac{A_y - E_y}{A_x - E_x} = \dfrac{B_y - E_y}{B_x - E_x}$ 么?道理很简单,A, B, E 三点共线,这三点的地位是平等的,说得更通俗一点,每一点出现的次数应该相同,而在 $\dfrac{A_y - E_y}{A_x - E_x} = \dfrac{B_y - E_y}{B_x - E_x}$ 中,点 E 出现了两次,所以我们将之化简成

$$A_x(B_y - E_y) + B_x(E_y - A_y) + E_x(A_y - B_y) = 0$$

的形式；而且这种形式也非常好记忆：A,B,E 三点排序后进行轮换，括号外是 x 坐标，括号内是 y 坐标.

上述证明说明了对称思想在数学中的重要作用，同时也启发我们，有时候形式上的一些转变会产生让人惊讶的效果. 能否将这种方法进一步扩展呢？譬如推广到证明帕普斯定理，这一问题留给读者思考.

张景中老师给出了高斯线定理的另一个证明，其过程用到了面积比例公式，该公式可由共边定理得到，而共边定理则来源于"等底等高的两三角形面积相等"这一基本命题，此外没有用到其他预备知识.

如图 22.1，四边形 $ABCD$ 的一组对边 AB 和 DC 的延长线交于点 E，另一组对边 AD 和 BC 的延长线交于点 F，对角线 AC,BD 的中点分别为 L,M. 要证明 L,M 和 EF 的中点共线，也就是直线 LM 过 EF 的中点，也就是 LM 和 EF 的交点 N 是 EF 的中点，即 $FN = EN$.

证法 3 如图 22.1，有

$$\frac{FN}{EN} = \frac{S_{\triangle FLM}}{S_{\triangle ELM}} = \frac{\frac{1}{2}(S_{\triangle FLB} - S_{\triangle FLD})}{\frac{1}{2}(S_{\triangle EAM} - S_{\triangle ECM})}$$

$$= \frac{\frac{1}{2}S_{\triangle FAB} - \frac{1}{2}S_{\triangle FCD}}{\frac{1}{2}S_{\triangle EAD} - \frac{1}{2}S_{\triangle ECB}} = \frac{S_{ABCD}}{S_{ABCD}} = 1.$$

笔者曾就这三种证法请教张景中老师，让他来评判哪一种更好一些. 张老师认为是第三种：面积证法. 我问是不是敝帚自珍的缘故，张老师说："要想作出一个比较公正的评判，必须首先确立一个评判标准. 否则的话，喜欢几何法的说几何法简单，擅长解析法的说解析

法简单,这样就说不清楚了."那么标准如何确立呢？这也不是一件简单的事:

(1) 过程简短.证明总要用文字符号写出来,写出来最容易检查的是用了多少行文字符号,也就是证明的长短.一般说来,证明简短的比冗长的好.同时也要注意有些人喜欢用"显然"、"易证",解题看似过程简单,其实是不严格的,而若详细写出,则是比较繁琐的.此题的证法1,完全写出来并不短,添加辅助线的事情就要交代几句话.证法2写出来也比较长,这是解析法常有的缺点.

(2) 逻辑简单.只看文字数量也有片面性,还应当看逻辑结构是否简单.也就是推理的步骤少的比较好.推理总要用到题目的已知条件,如果对每个条件只做一次推理,这就算够简单的了.此题的3个证明,逻辑结构都不复杂,题目已知条件基本上都只使用了一次.

(3) 引用简略.只看文字长短和逻辑推理繁简也不全面,还有一个引用的知识多少的问题.如果有一个很大的几何定理库,解题时随意使用,当然可以把证法表述得更简捷.这样显然不可能做到不同解法的公平比较.因此应当认为,引用知识越少越好.类似地,常见的现象还有一些人证明不等式,先引入一个很"偏僻"的引理,然后指出该不等式是该引理的特例,一步就证明了.这样行不行？很可能出题人就是考那个引理.通常欧氏证明会用到较多的几何知识.此题证法1添加了辅助线,而且用到"平行四边形对角线的性质";而"补充(2)"若不补充,很可能让人误解成是A,C,V,T四点共线.

(4) 平台简易.解题工作的平台也是要考虑的一个因素.一般说来,平台低的解法能够适应更多读者,所以更可贵.华罗庚先生曾提到,为了数学竞赛命题的需要,他想用初中的知识证一个"光折射不等式";尽管用微分方法很容易,但是他还是希望能够找到简便的初等方法.此题的证法2,是在解析几何平台上工作,要求读者有较多的预备知识.相比之下,另两种方法初中生更容易理解.相对而言,面积法的知识又简单直观一些,更容易被接受.

(5) 通用性强.方法的通用性也不容忽视.按陈省身先生的说法,能推广能发展的才是好的数学.此题的证法2和证法3,其思想具有一般性,能够总结推广用于更多的问题.对比之下,证法1则是一种特殊的技巧.巧则巧矣,用途不广.与高斯线定理类似,塞瓦定理、梅涅劳斯定理、帕普斯定理都是有关共点共线的几何命题,证法2虽然能够迁移,但需要较大的计算量,远不是"四式相加"那么简单;而若掌握了证法3,则很容易迁移,详见文[3].

张老师还指出:该评价标准是可以检验的.你可以找几个初一的学生,此时他们根本不知道高斯线定理,几何知识几乎是一片空白,然后把三种证法都教给他们,不是让他们把解答过程死背下来,而是让他们真正地理解,看看掌握哪种证法所需要的时间最短,说明哪种证法最简单.有兴趣的读者可以做一下这个实验.

文[4]列出了11种三角形中位线定理的证法,并分别作出评价.我们从中选出三种,运用上文提出的评价标准进行分析.

三角形中位线定理 如图22.3,D,E 是 $\triangle ABC$ 的边 AB,AC 的中点,求证:$BC=2DE,BC \parallel DE$.

证法1 如图22.3,通过证 $\triangle ADE \sim \triangle ABC$ 来完成证明.文[4]给出评注:这是最简单、直接利用相似的方法,几乎两步证毕,方法最简洁而优雅.

证法2 如图22.3,由

$$S_{\triangle ABE} = \frac{1}{2}S_{\triangle ABC} = S_{\triangle ADC}$$

得出 $BC \mathbin{/\mkern-5mu/} DE$；由

$$2S_{\triangle BDE} = \frac{1}{2}S_{\triangle ABC} = S_{\triangle BDC}$$

得出 $2DE = BC$. 文[4]给出评注:这是简单、直接利用面积的方法,几乎两步证毕,方法简约而别致.

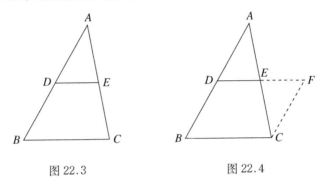

图 22.3　　　　　图 22.4

证法 3　如图 22.4,延长 DE 到 F,使 $DE = EF$,连结 CF. 通过证 $\triangle ADE \cong \triangle CFE$ 完成. 文[4]给出评注:这是利用全等三角形性质的方法,方法简单.

　　由于三种证法都不难,只简单说明. 文[4]对这三种解法评价都很高. 但所谓强中更有强中手,到底哪个方法最好呢? 文[4]没有说明. 笔者认为:虽然并不是每一件事情都得分个高低,排个顺序,而且很多时候很不好排,譬如"最美的数学定理"的排序就让人头疼;但对于三角形中位线证法优劣的比较,笔者认为有必要作进一步探讨.

　　证法 1 无需添加辅助线,而添加辅助线是几何学习中的难点. 从这一点说起,证法 1 要优于证法 3. 但据笔者了解,教科书大多却选用证法 3. 为什么会选证法 3 呢? 因为按照一般的认知规律,三角形全等是三角形相似的特例,较容易掌握一些,所以现在教材的编排顺序是三角形相似的知识在三角形中位线定理之后,而三角形全等的知识在三角形中位线定理之前.这也就是前文所定评价指标中的(3)引用简略和(4)平台简易所涉及的问题.另一个典型案例是,用三角形相似证明勾股定理是非常容易理解的,而且只需作一条高线作辅助,构图比起欧几里得证法、赵爽弦图证法简便.但现在的教材上一般采用后两种证法,而不采用三角形相似的证法,也是基于同样的考虑.

将证法 2 和证法 3 相比,证法 2 其实也无需添加辅助线(注意此处的无需添加辅助线特指无需增加新的辅助点的连线),而且所用知识更少,仅用到面积法的基本知识,这是一个小学生都能看懂的证明.面积法是一种非常基础、非常直观的解题方法,可惜现在的教材不够重视,除了证明勾股定理时出现过面积法,其他时候很少见到面积法的身影.

文[4]的 11 种证法中还包含了解析法证明,这说明该文的证明是不局限于初中知识的.如果是这样的话,笔者认为文[4]还漏掉了一种最简单的向量法证明:

$$\vec{BC} = \vec{AC} - \vec{AB} = 2\vec{AE} - 2\vec{AD} = 2\vec{DE}.$$

此证法过程极其简短,逻辑推理简单,仅用到向量回路和线性表示这样最基本的性质,而且向量法解类似的几何题属于通法,前文提到的高斯线定理也可用向量法证明,参看[5,6].最近 10 多年,已经有不少专家认为,要重视向量法这一天然的数形结合的解题通法.笔者在这方面也做过一些探究.希望我们的教材改革越改越好,在不降低难度的前提下,越来越容易掌握.

参 考 文 献

[1] 吴文俊.数学机械化[M].北京:科学出版社,2003.

[2] 约翰逊.近代欧氏几何学[M].单墫,译.上海:上海教育出

版社,1999.

[3] 张景中.新概念几何[M].北京:中国少年儿童出版社,2002.

[4] 孙旭花,陈嘉豪,梁永贤,等.一题多解之再升华螺旋变式课程设计理论介绍——以三角形中位线定理推导为例[J].数学教育学报.2008(6):21-28.

[5] 张景中,彭翕成.论向量法解几何问题的基本思路[J].数学通报.2008(2):6-10.

[6] 张景中,彭翕成.论向量法解几何问题的基本思路(续)[J].数学通报.2008(3):31-36.

23　重心坐标解题举例

本书前面曾介绍了重心坐标的基本思想和方法,下面给出一些例题作为应用.

【例 23.1】 求证:$\triangle ABC$ 的外心 O、重心 G、垂心 H 三点共线.

证法 1

$$
\begin{vmatrix} \sin 2A & \sin 2B & \sin 2C \\ 1 & 1 & 1 \\ \tan A & \tan B & \tan C \end{vmatrix}
$$

$$
= 2\sin A \sin B \sin C \begin{vmatrix} \cos A & \cos B & \cos C \\ \dfrac{1}{\cos A} & \dfrac{1}{\cos B} & \dfrac{1}{\cos C} \\ \cos A & \cos B & \cos C \end{vmatrix}
$$

$$
= -2\sin A \sin B \sin C \begin{vmatrix} \cos(B+C) & \cos(C+A) & \cos(A+B) \\ \dfrac{1}{\cos A} & \dfrac{1}{\cos B} & \dfrac{1}{\cos C} \\ \cos A & \cos B & \cos C \end{vmatrix}
$$

$$
= \dfrac{-2}{\cos A \cos B \cos C} \begin{vmatrix} \cos(B+C) & \cos(C+A) & \cos(A+B) \\ \sin B \sin C & \sin C \sin A & \sin A \sin B \\ \cos B \cos C & \cos C \cos A & \cos A \cos B \end{vmatrix}
$$

$$
= 0,
$$

最后一步是因为第一行等于第三行与第二行之差,所以三点共线.

证法 2 因为

$$\sin 2A = 2\sin A\cos A = 2\frac{a}{2R}\frac{b^2+c^2-a^2}{2bc}$$
$$= \frac{1}{2R}\frac{a(b^2+c^2-a^2)}{bc},$$
$$\tan A = \frac{\sin A}{\cos A} = \frac{a}{2R}\bigg/\frac{b^2+c^2-a^2}{2bc} = \frac{abc}{(b^2+c^2-a^2)R},$$

于是可算出三点的规范重心坐标,分别为

$$G\left(\frac{1}{3},\frac{1}{3},\frac{1}{3}\right),$$

$$O\left(\frac{\dfrac{a(b^2+c^2-a^2)}{bc}}{\dfrac{a(b^2+c^2-a^2)}{bc}+\dfrac{b(c^2+a^2-b^2)}{ca}+\dfrac{c(a^2+b^2-c^2)}{ab}},\right.$$

$$\frac{\dfrac{b(c^2+a^2-b^2)}{ca}}{\dfrac{a(b^2+c^2-a^2)}{bc}+\dfrac{b(c^2+a^2-b^2)}{ca}+\dfrac{c(a^2+b^2-c^2)}{ab}},$$

$$\left.\frac{\dfrac{c(a^2+b^2-c^2)}{ab}}{\dfrac{a(b^2+c^2-a^2)}{bc}+\dfrac{b(c^2+a^2-b^2)}{ca}+\dfrac{c(a^2+b^2-c^2)}{ab}}\right),$$

$$H\left(\frac{\dfrac{abc}{b^2+c^2-a^2}}{\dfrac{abc}{b^2+c^2-a^2}+\dfrac{abc}{c^2+a^2-b^2}+\dfrac{abc}{a^2+b^2-c^2}},\right.$$

$$\frac{\dfrac{abc}{c^2+a^2-b^2}}{\dfrac{abc}{b^2+c^2-a^2}+\dfrac{abc}{c^2+a^2-b^2}+\dfrac{abc}{a^2+b^2-c^2}},$$

$$\frac{\dfrac{abc}{a^2+b^2-c^2}}{\dfrac{abc}{b^2+c^2-a^2}+\dfrac{abc}{c^2+a^2-b^2}+\dfrac{abc}{a^2+b^2-c^2}}),$$

因为

$$2\times\frac{\dfrac{a(b^2+c^2-a^2)}{bc}}{\dfrac{a(b^2+c^2-a^2)}{bc}+\dfrac{b(c^2+a^2-b^2)}{ca}+\dfrac{c(a^2+b^2-c^2)}{ab}}$$

$$+\frac{\dfrac{abc}{b^2+c^2-a^2}}{\dfrac{abc}{b^2+c^2-a^2}+\dfrac{abc}{c^2+a^2-b^2}+\dfrac{abc}{a^2+b^2-c^2}}$$

$$=3\times\frac{1}{3},$$

同理可得另外两式,所以 $2O+H=3G$,即 $GH=2OG$.

证法 1 只证明了三点共线,证法 2 还多证明了三点之间所存在的比例关系. 此问题是经典的欧拉线问题,更多证明以及关于欧拉最初是如何发现的,可参看笔者编译的《欧拉线的发现与证明》(《数学教学》2011 年 05 期).

【例 23.2】 求证: $\triangle ABC$ 的内心 I、重心 G、奈格尔点 N 三点共线. 设 $\triangle ABC$ 的三个旁切圆在线段 BC,CA,AB 上的切点分别为 N_1,N_2,N_3,则可得 AN_1,BN_2,CN_3 三线共点,这一点称为 $\triangle ABC$ 的奈格尔点.

证法 1 $N(s-a,s-b,s-c)$,其中

$$s=\frac{1}{2}(a+b+c),\quad \begin{vmatrix} a & b & c \\ 1 & 1 & 1 \\ s-a & s-b & s-c \end{vmatrix}=0,$$

这是因为第三行加上第一行,等于第二行的 s 倍. 所以三点共线.

证法 2

$$I\left(\frac{a}{a+b+c}, \frac{b}{a+b+c}, \frac{c}{a+b+c}\right),$$

$$G\left(\frac{1}{3}, \frac{1}{3}, \frac{1}{3}\right), N\left(\frac{s-a}{s}, \frac{s-b}{s}, \frac{s-c}{s}\right),$$

其中

$$s = \frac{1}{2}(a+b+c),$$

因为

$$\frac{s-a}{s} + 2 \times \frac{a}{a+b+c}$$

$$= \frac{b+c-a}{a+b+c} + 2 \times \frac{a}{a+b+c} = 3 \times \frac{1}{3},$$

同理可得另外两式,所以 $N + 2I = 3G$,即 $GN = 2IG$.

证法 1 只证明了三点共线,证法 2 还多证明了三点之间所存在的比例关系.

【例 23.3】 如图 23.1 所示,设 AD,BE,CF 是 $\triangle ABC$ 的角平分线,证明:$S_{\triangle DEF} \leqslant \frac{1}{4} S_{\triangle ABC}$.

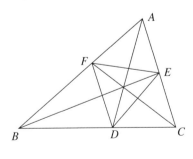

图 23.1

证法 1

$$S_{\triangle AEF} = \frac{1}{2}AE \cdot AF\sin A = \frac{1}{2}\frac{bc}{a+c} \cdot \frac{bc}{a+b}\sin A$$

$$= \frac{bc}{(a+b)(a+c)}\frac{1}{2}bc\sin A = \frac{bc}{(a+b)(a+c)}S_{\triangle ABC}.$$

同理可得其他两式.

$$S_{\triangle ABC} - S_{\triangle DEF} = S_{\triangle AEF} + S_{\triangle BDF} + S_{\triangle CDE}$$

$$= \left[\frac{bc}{(a+b)(a+c)} + \frac{ca}{(b+c)(b+a)}\right.$$

$$\left. + \frac{ab}{(c+a)(c+b)}\right]S_{\triangle ABC}$$

$$= \frac{a^2b + a^2c + ab^2 + ac^2 + b^2c + bc^2}{(a+b)(a+c)(b+c)}S_{\triangle ABC}$$

$$\geqslant \frac{6abc}{(a+b)(a+c)(b+c)}S_{\triangle ABC}$$

$$= 3\left[1 - \frac{bc}{(a+b)(a+c)} - \frac{ac}{(a+b)(b+c)}\right.$$

$$\left. - \frac{ab}{(a+c)(b+c)}\right]S_{\triangle ABC}$$

$$= 3(S_{\triangle ABC} - S_{\triangle AEF} - S_{\triangle BDF} - S_{\triangle CDE})$$

$$= 3S_{\triangle DEF},$$

所以 $S_{\triangle DEF} \leqslant \frac{1}{4}S_{\triangle ABC}$.

证法 2 记 $\triangle ABC$ 的面积为 Δ,$A'(x_1,y_1,z_1)$,$B'(x_2,y_2,z_2)$,$C'(x_3,y_3,z_3)$,则

$$S_{\triangle A'B'C'} = \frac{\begin{vmatrix} x_1 & y_1 & z_1 \\ x_2 & y_2 & z_2 \\ x_3 & y_3 & z_3 \end{vmatrix}\Delta}{(x_1+y_1+z_1)(x_2+y_2+z_2)(x_3+y_3+z_3)}.$$

又,$D(0,b,c)$,$E(a,0,c)$,$F(a,b,0)$,则

$$S_{\triangle DEF} = \frac{\begin{vmatrix} 0 & b & c \\ a & 0 & c \\ a & b & 0 \end{vmatrix} \Delta}{(0+b+c)(a+0+c)(a+b+0)}$$

$$= \frac{2abc\Delta}{(b+c)(c+a)(a+b)} \leqslant \frac{2abc\Delta}{2\sqrt{bc}\,2\sqrt{ca}\,2\sqrt{ab}} = \frac{1}{4}\Delta.$$

【例 23.4】 如图 23.2,$\triangle ABC$ 的内切圆与三边 BC,CA,AB 分别切于 A_0,B_0,C_0,$\triangle ABC$ 的旁切圆 $\odot I_1$ 与三边及延长线分别切于 A_1,B_1,C_1,$\triangle ABC$ 的旁切圆 $\odot I_2$ 与三边及延长线分别切于 A_2,B_2,C_2,$\triangle ABC$ 的旁切圆 $\odot I_3$ 与三边及延长线分别切于 A_3,B_3,C_3,设

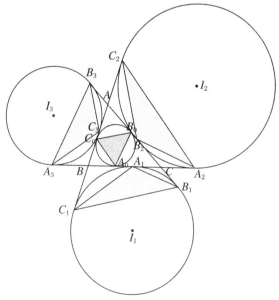

图 23.2

$S_0 = S_{\triangle A_0B_0C_0}$, $S_1 = S_{\triangle A_1B_1C_1}$, $S_2 = S_{\triangle A_2B_2C_2}$, $S_3 = S_{\triangle A_3B_3C_3}$,求证:$\dfrac{1}{S_0} = \dfrac{1}{S_1} + \dfrac{1}{S_2} + \dfrac{1}{S_3}$.

证法 1 如图 23.3,设 I 和 r 分别是 $\triangle ABC$ 的内心和内切圆半径,I_1 和 r_1 分别是点 A 所对的旁切圆圆心和半径,易证 $\triangle I_1A_1C_1$ 和 $\triangle BA_0C_0$ 是相似等腰三角形,$\triangle I_1A_1B_1$ 和 $\triangle CA_0B_0$ 是相似等腰三角形,$\angle B_0A_0C_0$ 和 $\angle B_1A_1C_1$ 互补,$\angle BIC$ 和 $\angle BI_1C$ 互补,有

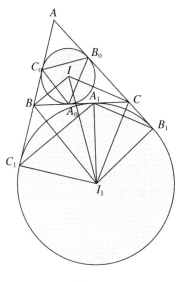

图 23.3

$$\frac{S_0}{S_1} = \frac{A_0B_0 \cdot A_0C_0}{A_1B_1 \cdot A_1C_1} = \frac{IC}{I_1C} \cdot \frac{IB}{I_1B} = \frac{S_{\triangle IBC}}{S_{\triangle I_1BC}} = \frac{r}{r_1}.$$

同理

$$\frac{S_0}{S_2} = \frac{r}{r_2}, \quad \frac{S_0}{S_3} = \frac{r}{r_3}.$$

于是

$$\frac{S_0}{S_1} + \frac{S_0}{S_2} + \frac{S_0}{S_3} = \frac{r}{r_1} + \frac{r}{r_2} + \frac{r}{r_3} = \frac{s-a}{s} + \frac{s-b}{s} + \frac{s-c}{s} = 1,$$

$$\frac{1}{S_0} = \frac{1}{S_1} + \frac{1}{S_2} + \frac{1}{S_3}.$$

证法 2 记 $\triangle ABC$ 面积的为 Δ, $A'(x_1, y_1, z_1)$, $B'(x_2, y_2, z_2)$, $C'(x_3, y_3, z_3)$, 则

$$S_{\triangle A'B'C'} = \frac{\begin{vmatrix} x_1 & y_1 & z_1 \\ x_2 & y_2 & z_2 \\ x_3 & y_3 & z_3 \end{vmatrix} \Delta}{(x_1 + y_1 + z_1)(x_2 + y_2 + z_2)(x_3 + y_3 + z_3)}.$$

$A_0(0, s-c, s-b)$, $B_0(s-c, 0, s-a)$, $C_0(s-b, s-a, 0)$, 则

$$S_0 = \frac{\begin{vmatrix} 0 & s-c & s-b \\ s-c & 0 & s-a \\ s-b & s-a & 0 \end{vmatrix} \Delta}{(0+s-c+s-b)(s-c+0+s-a)(s-b+s-a+0)}$$

$$= \frac{2(s-a)(s-b)(s-c)\Delta}{abc}.$$

$A_1(0, s-b, s-c)$, $B_1(-(s-b), 0, s)$, $C_1(-(s-c), s, 0)$, 则

$$S_1 = \frac{-2s(s-b)(s-c)\Delta}{abc}.$$

同理,有

$$S_2 = \frac{-2s(s-c)(s-a)\Delta}{abc},$$

$$S_3 = \frac{-2s(s-a)(s-b)\Delta}{abc}.$$

注意这里是有向面积,而通常所指面积是不带符号的,于是

$$\frac{1}{S_1}+\frac{1}{S_2}+\frac{1}{S_3}$$
$$=\frac{abc}{2s(s-a)(s-b)(s-c)\Delta}[(s-a)+(s-b)+(s-c)]$$
$$=\frac{abc}{2(s-a)(s-b)(s-c)\Delta}=\frac{1}{S_0}.$$

【例 23.5】 如图 23.4，$\triangle ABC$ 的内切圆 $\odot I$ 切 BC 于 D_1，切 CA 于 E_1，在 BC 上取点 D_2，使得 $BD_1 = D_2C$，在 AC 上取点 E_2，使得 $AE_1 = E_2C$，AD_2 交 BE_2 于点 P，交 $\odot I$ 于点 Q，求证 $AQ = PD_2$。

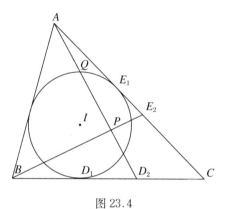

图 23.4

证明 设
$$A(1,0,0),\quad B(0,1,0),\quad C(0,0,1),$$
$$D_1\left(0,\frac{s-c}{a},\frac{s-b}{a}\right),$$
$$D_2\left(0,\frac{s-b}{a},\frac{s-c}{a}\right),$$
$$E_2\left(\frac{s-a}{b},0,\frac{s-c}{b}\right),\quad I\left(\frac{a}{2s},\frac{b}{2s},\frac{c}{2s}\right),$$
$$P\left(\frac{s-a}{s},\frac{s-b}{s},\frac{s-c}{s}\right),$$

其中 $2s = a + b + c$.

设 Q' 与 D_1 关于点 I 对称，则

$$Q' = 2I - D_1 = 2\left(\frac{a}{2s}, \frac{b}{2s}, \frac{c}{2s}\right) - \left(0, \frac{s-c}{a}, \frac{s-b}{a}\right)$$

$$= \left(\frac{a}{s}, \frac{b}{s} - \frac{s-c}{a}, \frac{c}{s} - \frac{s-b}{a}\right),$$

$$\overrightarrow{Q'A} = A - Q' = (1, 0, 0) - \left(\frac{a}{s}, \frac{b}{s} - \frac{s-c}{a}, \frac{c}{s} - \frac{s-b}{a}\right)$$

$$= \left(1 - \frac{a}{s}, \frac{s-c}{a} - \frac{b}{s}, \frac{s-b}{a} - \frac{c}{s}\right),$$

$$\overrightarrow{D_2P} = P - D_2 = \left(\frac{s-a}{s}, \frac{s-b}{s}, \frac{s-c}{s}\right) - \left(0, \frac{s-b}{a}, \frac{s-c}{a}\right)$$

$$= \left(\frac{s-a}{s}, \frac{s-b}{s} - \frac{s-b}{a}, \frac{s-c}{s} - \frac{s-c}{a}\right),$$

易得 $\overrightarrow{Q'A} = \overrightarrow{D_2P}$. 说明 Q' 既在内切圆上，又在 AD_2 上，Q' 与 Q 重合，所以 $AQ = PD_2$.

【例 23.6】 如图 23.5，AD, BE, CF 交于 Q, R, P 三点，求证：

$$\left(\frac{AE \cdot BF \cdot CD}{AF \cdot BD \cdot CE}\right)^{\frac{1}{2}} - \left(\frac{AF \cdot BD \cdot CE}{AE \cdot BF \cdot CD}\right)^{\frac{1}{2}}$$

$$= \left(\frac{S^2_{\triangle ABC} \cdot S_{\triangle PQR}}{S_{\triangle PBC} \cdot S_{\triangle QCA} \cdot S_{\triangle RAB}}\right)^{\frac{1}{2}}.$$

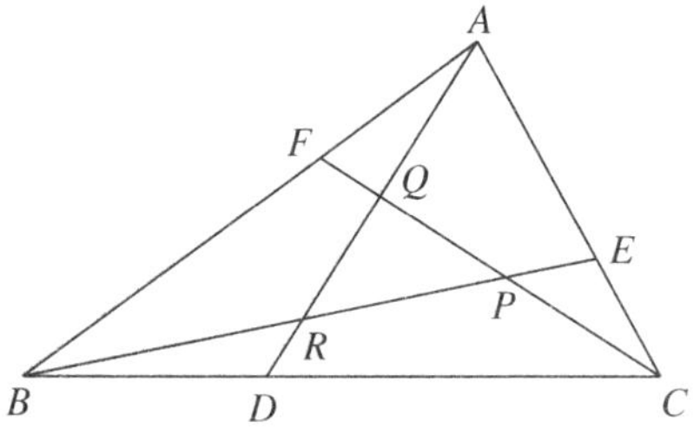

图 23.5

证法 1 设 $k_1 = \dfrac{CD}{BD}, k_2 = \dfrac{AE}{CE}, k_3 = \dfrac{BF}{AF}$,则

$$\frac{S_{\triangle PBC}}{S_{\triangle ABC}} = \frac{1}{\dfrac{S_{\triangle PBC} + S_{\triangle PCA} + S_{\triangle PAB}}{S_{\triangle PBC}}} = \frac{1}{1 + \dfrac{1}{k_3} + k_2},$$

同理可得其他两式. 而

$$\frac{S_{\triangle PQR}}{S_{\triangle ABC}} = 1 - \frac{S_{\triangle PBC}}{S_{\triangle ABC}} - \frac{S_{\triangle QCA}}{S_{\triangle ABC}} - \frac{S_{\triangle RAB}}{S_{\triangle ABC}},$$

于是

$$\left(\frac{S_{\triangle ABC}^2 \cdot S_{\triangle PQR}}{S_{\triangle PBC} \cdot S_{\triangle QCA} \cdot S_{\triangle RAB}} \right)^{\frac{1}{2}}$$

$$= \left(\frac{\dfrac{S_{\triangle PQR}}{S_{\triangle ABC}}}{\dfrac{S_{\triangle PBC}}{S_{\triangle ABC}} \cdot \dfrac{S_{\triangle QCA}}{S_{\triangle ABC}} \cdot \dfrac{S_{\triangle RAB}}{S_{\triangle ABC}}} \right)^{\frac{1}{2}}$$

$$= \left(\frac{1 - \dfrac{1}{1 + \dfrac{1}{k_3} + k_2} - \dfrac{1}{1 + \dfrac{1}{k_1} + k_3} - \dfrac{1}{1 + \dfrac{1}{k_2} + k_1}}{\dfrac{1}{1 + \dfrac{1}{k_3} + k_2} \cdot \dfrac{1}{1 + \dfrac{1}{k_1} + k_3} \cdot \dfrac{1}{1 + \dfrac{1}{k_2} + k_1}} \right)^{\frac{1}{2}}$$

$$= \sqrt{k_1 k_2 k_3 + \frac{1}{k_1 k_2 k_3} - 2} = \sqrt{k_1 k_2 k_3} - \frac{1}{\sqrt{k_1 k_2 k_3}}.$$

证法 2 设 $k_1 = \dfrac{CD}{BD}, k_2 = \dfrac{AE}{CE}, k_3 = \dfrac{BF}{AF}$,则

$$P\left(\lambda_1, \frac{\lambda_1}{k_3}, \lambda_1 k_2\right), \quad Q\left(\lambda_2 k_3, \lambda_2, \frac{\lambda_2}{k_1}\right), \quad R\left(\frac{\lambda_3}{k_2}, \lambda_3 k_1, \lambda_3\right),$$

其中 $\dfrac{S_{\triangle PBC}}{S_{\triangle ABC}} = \lambda_1, \dfrac{S_{\triangle QCA}}{S_{\triangle ABC}} = \lambda_2, \dfrac{S_{\triangle RAB}}{S_{\triangle ABC}} = \lambda_3$,于是有

$$\frac{S_{\triangle PQR}}{S_{\triangle ABC}} = \begin{vmatrix} \lambda_1 & \frac{\lambda_1}{k_3} & \lambda_1 k_2 \\ \lambda_2 k_3 & \lambda_2 & \frac{\lambda_2}{k_1} \\ \frac{\lambda_3}{k_2} & \lambda_3 k_1 & \lambda_3 \end{vmatrix} = \frac{(k_1 k_2 k_3 - 1)^2 \lambda_1 \lambda_2 \lambda_3}{k_1 k_2 k_3},$$

$$\left(\frac{S_{\triangle ABC}^2 \cdot S_{\triangle PQR}}{S_{\triangle PBC} \cdot S_{\triangle QCA} \cdot S_{\triangle RAB}} \right)^{\frac{1}{2}} = \left(\frac{\frac{S_{\triangle PQR}}{S_{\triangle ABC}}}{\frac{S_{\triangle PBC}}{S_{\triangle ABC}} \cdot \frac{S_{\triangle QCA}}{S_{\triangle ABC}} \cdot \frac{S_{\triangle RAB}}{S_{\triangle ABC}}} \right)^{\frac{1}{2}}$$

$$= \left[\frac{\frac{(k_1 k_2 k_3 - 1)^2 \lambda_1 \lambda_2 \lambda_3}{k_1 k_2 k_3}}{\lambda_1 \lambda_2 \lambda_3} \right]^{\frac{1}{2}}$$

$$= \sqrt{k_1 k_2 k_3 + \frac{1}{k_1 k_2 k_3} - 2}$$

$$= \sqrt{k_1 k_2 k_3} - \frac{1}{\sqrt{k_1 k_2 k_3}}.$$

证法 2 使用了重心坐标,但计算 $\frac{S_{\triangle PQR}}{S_{\triangle ABC}}$ 并不容易. 事实上, $Q, R,$ P 三点完全由 k_1, k_2, k_3 决定,无需再引入其他参数. 特别地,当 $S_{\triangle PQR} = 0$ 时, $\frac{CD}{BD} \cdot \frac{AE}{CE} \cdot \frac{BF}{AF} = 1,$ 此即塞瓦定理.

同时,本文也对一个经典的向量面积问题做了回答,为什么这道题如此重要,考试竞赛反复出现.

【例 23.7】 如图 23.6,设 O 是 $\triangle ABC$ 内一点,则

$$S_{\triangle BOC} \overrightarrow{OA} + S_{\triangle COA} \overrightarrow{OB} + S_{\triangle AOB} \overrightarrow{OC} = \vec{0}.$$

(这一关系式非常重要,是架通向量、面积法、重心坐标多种方法的桥梁.)

证明

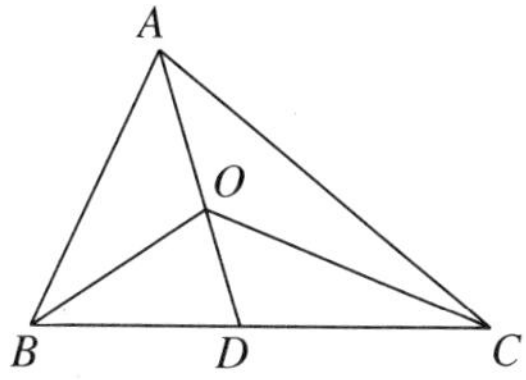

$$\vec{AO} = \frac{AO}{AD}\vec{AD} = \frac{AO}{AD}\frac{DC}{BC}\vec{AB} + \frac{AO}{AD}\frac{BD}{BC}\vec{AC}$$

$$= \frac{S_{\triangle COA}}{S_{\triangle ACD}}\frac{S_{\triangle ACD}}{S_{\triangle ABC}}\vec{AB} + \frac{S_{\triangle AOB}}{S_{\triangle ABD}}\frac{S_{\triangle ABD}}{S_{\triangle ABC}}\vec{AC}$$

$$= \frac{S_{\triangle COA}}{S_{\triangle ABC}}\vec{AB} + \frac{S_{\triangle AOB}}{S_{\triangle ABC}}\vec{AC}$$

$$= \frac{S_{\triangle COA}}{S_{\triangle ABC}}(\vec{OB} - \vec{OA}) + \frac{S_{\triangle AOB}}{S_{\triangle ABC}}(\vec{OC} - \vec{OA}),$$

图 23.6

所以

$$S_{\triangle BOC}\vec{OA} + S_{\triangle COA}\vec{OB} + S_{\triangle AOB}\vec{OC} = \vec{0}.$$

容易推得以下性质：

(1) 点 O 在 $\triangle ABC$ 内部，且 $m\vec{OA} + n\vec{OB} + p\vec{OC} = \vec{0}$，则

$$S_{\triangle BOC} : S_{\triangle COA} : S_{\triangle AOB} = m : n : p.$$

(2) 若点 O 为重心，则

$$S_{\triangle BOC} = S_{\triangle COA} = S_{\triangle AOB}, m = n = p, \vec{OA} + \vec{OB} + \vec{OC} = \vec{0}.$$

(3) 若点 O 为内心，则

$$a\vec{OA} + b\vec{OB} + c\vec{OC} = \vec{0},$$

或写作 $\sin A\, \vec{OA} + \sin B\, \vec{OB} + \sin C\, \vec{OC} = \vec{0}$.

(4) 若点 O 为外心，则

$$\sin 2A\, \vec{OA} + \sin 2B\, \vec{OB} + \sin 2C\, \vec{OC} = \vec{0}.$$

(5) 若点 O 为非直角三角形的垂心，则

$$\tan A\, \vec{OA} + \tan B\, \vec{OB} + \tan C\, \vec{OC} = \vec{0}.$$

【例 23.8】 求证：在 $\triangle ABC$ 中，有

$$(p-a)\overrightarrow{NA} + (p-b)\overrightarrow{NB} + (p-c)\overrightarrow{NC} = \vec{0},$$

$$\frac{\overrightarrow{GA}}{p-a} + \frac{\overrightarrow{GB}}{p-b} + \frac{\overrightarrow{GC}}{p-c} = \vec{0},$$

其中 $p = \frac{1}{2}(a+b+c)$，N 是 $\triangle ABC$ 的 Nagel 点，G 是 $\triangle ABC$ 的 gergonne 点. 设 $\triangle ABC$ 的三个旁切圆在线段 BC, CA, AB 上的切点分别为 N_1, N_2, N_3，则可得 AN_1, BN_2, CN_3 三线共点，这一点称之为 $\triangle ABC$ 的 Nagel 点. 设 $\triangle ABC$ 的内切圆在线段 BC, CA, AB 上的切点分别为 M_1, M_2, M_3，则可得 AM_1, BM_2, CM_3 三线共点，这一点称之为 $\triangle ABC$ 的 gergonne 点.

证法 1 要证

$$(p-a)\overrightarrow{NA} + (p-b)\overrightarrow{NB} + (p-c)\overrightarrow{NC} = \vec{0},$$

只需证

$$(p-a)(A-N) + (p-b)(B-N) + (p-c)(C-N) = \vec{0},$$

即证

$$(p-a)A + (p-b)B + (p-c)C = Np,$$

即证

$$(p-a)(1,0,0) + (p-b)(0,1,0) + (p-c)(0,0,1)$$

$$= p\left(\frac{p-a}{p}, \frac{p-b}{p}, \frac{p-c}{p}\right),$$

等式两边都等于 $(p-a, p-b, p-c)$，显然成立.

证法 2 因为

$$S_{\triangle NBC}\overrightarrow{NA} + S_{\triangle NCA}\overrightarrow{NB} + S_{\triangle NAB}\overrightarrow{NC} = \vec{0},$$

$$S_{\triangle NBC} : S_{\triangle NCA} : S_{\triangle NAB} = (p-a) : (p-b) : (p-c),$$

所以

$$(p-a)\overrightarrow{NA} + (p-b)\overrightarrow{NB} + (p-c)\overrightarrow{NC} = \vec{0}.$$

对于 gergonne 点也是同理可证.

证法 1 要证
$$\frac{\overrightarrow{GA}}{p-a} + \frac{\overrightarrow{GB}}{p-b} + \frac{\overrightarrow{GC}}{p-c} = \vec{0},$$

只需证
$$\frac{A-G}{p-a} + \frac{B-G}{p-b} + \frac{C-G}{p-c} = \vec{0},$$

即证
$$\frac{A}{p-a} + \frac{B}{p-b} + \frac{C}{p-c} = G\left(\frac{1}{p-a} + \frac{1}{p-b} + \frac{1}{p-c}\right),$$

即证
$$\frac{(1,0,0)}{p-a} + \frac{(0,1,0)}{p-b} + \frac{(0,0,1)}{p-c}$$
$$= \frac{\left(\dfrac{1}{p-a}, \dfrac{1}{p-b}, \dfrac{1}{p-c}\right)}{\dfrac{1}{p-a} + \dfrac{1}{p-b} + \dfrac{1}{p-c}} \left(\frac{1}{p-a} + \frac{1}{p-b} + \frac{1}{p-c}\right),$$

等式两边都等于 $\left(\dfrac{1}{p-a}, \dfrac{1}{p-b}, \dfrac{1}{p-c}\right)$,显然成立.

证法 2 因为
$$S_{\triangle GBC}\overrightarrow{GA} + S_{\triangle GCA}\overrightarrow{GB} + S_{\triangle GAB}\overrightarrow{GC} = \vec{0},$$
$$S_{\triangle GBC} : S_{\triangle GCA} = (p-b) : (p-a),$$
$$S_{\triangle GBC} : S_{\triangle GAB} = (p-c) : (p-a),$$
$$S_{\triangle GBC} : S_{\triangle GCA} : S_{\triangle GAB} = \frac{1}{p-a} : \frac{1}{p-b} : \frac{1}{p-c},$$

所以
$$\frac{\overrightarrow{GA}}{p-a} + \frac{\overrightarrow{GB}}{p-b} + \frac{\overrightarrow{GC}}{p-c} = \vec{0}.$$

24 五个小专题

24.1 矩形内接正三角

【例 24.1】 如图 24.1，长方形 $ABCD$ 内接正 $\triangle EBF$，证明：
$$S_{\triangle DEF} = S_{\triangle ABE} + S_{\triangle BCF}.$$

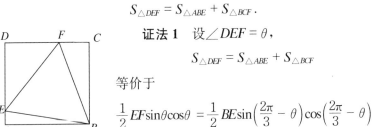

图 24.1

证法 1 设 $\angle DEF = \theta$，
$$S_{\triangle DEF} = S_{\triangle ABE} + S_{\triangle BCF}$$
等价于
$$\frac{1}{2}EF\sin\theta\cos\theta = \frac{1}{2}BE\sin\left(\frac{2\pi}{3}-\theta\right)\cos\left(\frac{2\pi}{3}-\theta\right) \\ + \frac{1}{2}BF\sin\left(\frac{\pi}{6}+\theta\right)\cos\left(\frac{\pi}{6}+\theta\right),$$
即
$$\sin 2\theta = \sin\left(\frac{4\pi}{3}-2\theta\right) + \sin\left(\frac{\pi}{3}+2\theta\right),$$
和差化积发现此式成立.

此方法简单直接，非常不错，但对于这样一个美妙的性质，有继续品尝的价值，不能像猪八戒吃人参果，囫囵吞枣了事. 为什么说证法 1 是囫囵吞枣呢？因为我们对图形的性质并不清楚，很显然一个狭长的长方形不可能内接正三角形，那么什么样的长方形才能满足内接的要求呢？这一点搞清楚了，对题目才会有更深的认识，否则你作图都有困难. 另外，证法 1 用到三角变换，对于没学过三角变换的初中生，能否有办法欣赏此题的美妙呢？

证法 2　设 $DE = a$，$EA = b$，$DF = c$，$FC = d$，于是题目转化为
$$a^2 + c^2 = d^2 + (a+b)^2 = b^2 + (c+d)^2$$
$$\Rightarrow \frac{1}{2}ac = \frac{1}{2}b(c+d) + \frac{1}{2}d(a+b).$$

如果觉得手工计算麻烦，可以使用 Mathematica 软件硬算. 我们希望用 b 和 d 来表示 a 和 c. 得出的四组解中，复数解首先剔除，而
$$a = b - \sqrt{3}d, \quad c = -\sqrt{3}b + d$$
也不符合要求，因为前者要求 $b > \sqrt{3}d$，与后者 $d > \sqrt{3}b$ 矛盾. 所以只剩下唯一解：
$$a = b + \sqrt{3}d, \quad c = \sqrt{3}b + d.$$
代入
$$\frac{1}{2}ac = \frac{1}{2}b(c+d) + \frac{1}{2}d(a+b)$$
检验，发现等式成立.

```
Untitled-1 * - Wolfram Mathematica 10.0
File  Edit  Insert  Format  Cell  Graphics  Evaluation  Palettes  Window  Help

In[1]:= Solve[{a^2+c^2 == d^2+(a+b)^2,
        a^2+c^2 == b^2+(c+d)^2}, {a, c}]

Out[1]= {{a→-b-i d, c→i (b+i d)}, {a→-b+i d, c→-i (b-i d)},
        {a→b-√3 d, c→-√3 b+d}, {a→b+√3 d, c→√3 b+d}}
```

证法 2 思路简单，而通过计算，把图形性质搞清楚了，这也是一种收获，而且观察 $a = b + \sqrt{3}d, c = \sqrt{3}b + d$，容易推得 $a + 2b = 3b + \sqrt{3}d = \sqrt{3}(\sqrt{3}b + d) = \sqrt{3}c$，联想到 $1, 2, \sqrt{3}$ 构成直角三角形，而且有一

个角是 $30°$,这一式子启示我们可以尝试作出 $2b$ 和 $\sqrt{3}b+d$. 类似还可以得到 $2a+b=\sqrt{3}(c+d)$.

证法 3 如图 24.2,作 $\angle AGB = \angle DHF = 30°$,于是 $\triangle PBN$ 和 $\triangle MNF$ 是等边三角形,$\triangle FNB \cong \triangle FME \cong \triangle EPB$,四边形 $EPNM$ 是平行四边形,于是

$$\angle DME = \angle DMG = \angle HPA = \angle EPA = 60°,$$
$$GD = DE, \quad EA = AH.$$

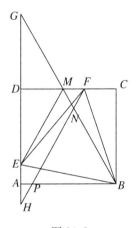

图 24.2

设
$$DE = a, \quad EA = b, \quad DF = c, \quad FC = d,$$
在直角 $\triangle GAB$ 中,有 $2a+b=\sqrt{3}(c+d)$;在直角 $\triangle HFD$ 中,有 $a+2b=\sqrt{3}c$;于是

$$\sqrt{3}c(2a+b) = \sqrt{3}(c+d)(a+2b),$$

化简得

$$\frac{1}{2}ac = \frac{1}{2}b(c+d) + \frac{1}{2}d(a+b).$$

对本题的探究给我们以下几点启发：

(1) 对于比较容易解决的题目，也不能轻易放过，想想其中是不是还有没搞明白的地方，是不是一定要用这种解法，其他解法行不行.

(2) 研究图形是如何作出来的. 首先要想是不是对于任意长方形都可以作出这样的内接正三角形呢？肯定不是. 长宽比不能相差太远. 假设有人出题："在长宽比为 3∶2 的长方形中内接一个正三角形……"，你可以马上打断他！学习数学，不能总是应对式地解别人出的题. 我们应该想想别人是怎么出题的，包括图形是怎么画出来的. 我们借助超级画板或几何画板，可以在作图中理解几何，而不单是解完题完事. 这也就是为什么动态几何能够帮助提高数学认识的原因. 关于此，在笔者所著《数学教育技术》一书中有专门论述.

(3) 遇到问题，特别是计算问题，可借助于计算机解决. 通过计算机，我们可以得到一些纸笔难以得到的数据，要好好思考，希望从中找到突破口，最后能丢掉计算机这个"拐棍"，找到人工可以接受的解法.

(4) 一题可能多解，所学知识越多，能运用的工具多，就更容易找到简单解法，所以我们要尽可能多学习新事物，扩大自己的知识面.

(5) 由于教学进度和使用工具的限制，譬如此题证法 1 用到三角公式，证法 2 用到计算机，这都是初中教学所不能接受的. 但这并不意味着"超纲知识"就没有用. 所谓学生一杯水，老师一桶水，老师可以利用"超纲知识"先认识问题，只有自己对问题认识深刻了，才有可能深入浅出地讲给学生听.

上述解法在我的新浪博客发表后,我的朋友陈起航老师给出了证法 4,比较简便.

证法 4 如图 24.3 和图 24.4 所示,有

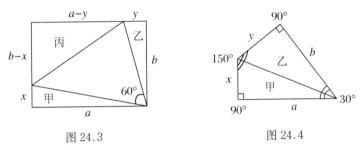

图 24.3 　　　　　　图 24.4

$$S_{甲} + S_{乙} = \frac{1}{2}ax + \frac{1}{2}by, \quad ①$$

$$S_{甲} + S_{乙} = \frac{1}{2}ab\sin 30° + \frac{1}{2}xy\sin 150° = \frac{1}{4}(ab + xy). \quad ②$$

由式①、式②知

$$ax + by = \frac{1}{2}(ab + xy), \quad ③$$

从而

$$\begin{aligned} S_{丙} &= \frac{1}{2}(a - y)(b - x) \\ &= \frac{1}{2}(ab + xy) - \frac{1}{2}(ax + by) \\ &= \frac{1}{4}(ab + xy), \end{aligned} \quad ④$$

由式②、式④获证.

【例 24.2】 如图 24.5 所示,分别以矩形 $ABCD$ 的 BC 边和 CD 边作等边 $\triangle BCE$ 和等边 $\triangle CDF$,延长 AF 交 BC 于 G,延长 AE 交

CD 于 H. 求证：$\triangle AGH$ 为等边三角形，$S_{\triangle ABG} + S_{\triangle AHD} = S_{\triangle CHG}$.

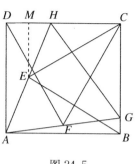
图 24.5

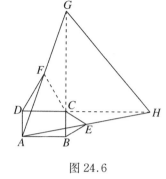
图 24.6

证明

$$\overrightarrow{AF} \cdot e^{\frac{\pi}{3}i} = (\overrightarrow{AD} + \overrightarrow{DF}) \cdot e^{\frac{\pi}{3}i} = \overrightarrow{BE} + \overrightarrow{DC}$$
$$= \overrightarrow{BE} + \overrightarrow{AB} = \overrightarrow{AE}.$$

作 $EM \perp DC$，则

$$2EM = CE = AD,$$

于是 $2AE = AH$. 同理 $2AF = AG$. 所以 $\triangle AGH$ 为等边三角形. 而证明 $S_{\triangle ABG} + S_{\triangle AHD} = S_{\triangle CHG}$，可参看前一题.

当两个正三角形是向外作出（图 24.6）时，结论仍然成立.

如果四边形 $ABCD$ 是平行四边形，则只有 $\triangle AGH$ 为等边三角形这一条性质成立.

24.2 向量法与面积法

【例 24.3】 如图 24.7，已知 $ABCD$ 是平行四边形，求证：$S_{\triangle BPD} - S_{\triangle BPA} = S_{\triangle BPC}$.

证法 1 设 AC 交 BD 于 O，则

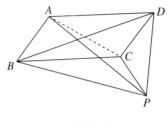

图 24.7

$S_{\triangle BPD} = 2S_{\triangle BPO} = S_{\triangle BPA} + S_{\triangle BPC}$,

所以

$$S_{\triangle BPD} - S_{\triangle BPA} = S_{\triangle BPC}.$$

证法 2

$$\begin{aligned}
& S_{\triangle BPA} + S_{\triangle BPC} \\
&= \frac{1}{2}\left|\overrightarrow{PB} \times \overrightarrow{PA}\right| + \frac{1}{2}\left|\overrightarrow{PB} \times \overrightarrow{PC}\right| \\
&= \frac{1}{2}\left|\overrightarrow{PB} \times (\overrightarrow{PA} + \overrightarrow{PC})\right| \\
&= \frac{1}{2}\left|\overrightarrow{PB} \times (\overrightarrow{PB} + \overrightarrow{PD})\right| \\
&= \frac{1}{2}\left|\overrightarrow{PB} \times \overrightarrow{PD}\right| = S_{\triangle BPD}.
\end{aligned}$$

【例 24.4】 如图 24.8,在 $\triangle ABC$ 中,M 为 BC 中点,N,P,Q 分别在 AM,AB,AC 上,且 A,P,N,Q 四点共圆,求证:

$$AP \cdot AB + AQ \cdot AC = 2AN \cdot AM.$$

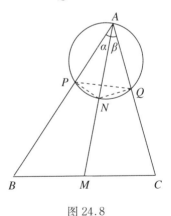

图 24.8

证法 1 设 $\angle BAM = \alpha$,$\angle CAM = \beta$,由

$$S_{\triangle ABC} = 2S_{\triangle ABM} = 2S_{\triangle ACM}$$

得

$$\frac{1}{2}AB \cdot AC\sin(\alpha + \beta) = AB \cdot AM\sin\alpha = AM \cdot AC\sin\beta,$$

于是

$$\frac{\sin\alpha}{\sin(\alpha + \beta)} = \frac{AC}{2AM}, \quad \frac{\sin\beta}{\sin(\alpha + \beta)} = \frac{AB}{2AM}.$$

由正弦定理得

$$\frac{NP}{\sin\alpha} = \frac{NQ}{\sin\beta} = \frac{PQ}{\sin(\alpha + \beta)}.$$

由托勒密定理可得

$$AN \cdot PQ = AP \cdot NQ + AQ \cdot NP,$$

于是

$$\begin{aligned}AN &= AP \cdot \frac{NQ}{PQ} + AQ \cdot \frac{NP}{PQ} \\ &= AP \cdot \frac{\sin\beta}{\sin(\alpha + \beta)} + AQ \cdot \frac{\sin\alpha}{\sin(\alpha + \beta)} \\ &= AP \cdot \frac{AB}{2AM} + AQ \cdot \frac{AC}{2AM},\end{aligned}$$

所以

$$AP \cdot AB + AQ \cdot AC = 2AN \cdot AM.$$

证法 2 设 AK 是直径,由

$$\overrightarrow{AB} + \overrightarrow{AC} = 2\overrightarrow{AM}$$

得

$$\overrightarrow{AB} \cdot \overrightarrow{AK} + \overrightarrow{AC} \cdot \overrightarrow{AK} = 2\overrightarrow{AM} \cdot \overrightarrow{AK},$$

即

$$AP \cdot AB + AQ \cdot AC = 2AN \cdot AM.$$

看到圆,想到托勒密定理.然后利用正弦定理和面积关系进行边角转化,这也属于自然的想法.但不料此题还有更简单、更巧妙的解法,只用到一点点向量投影的知识,就轻松秒杀了.

【例24.5】 如图 24.9,在凸五边形 $ABCDE$ 中,$BC /\!/ AD$,$CD /\!/ BE$,$DE /\!/ CA$,$EA /\!/ DB$,求证 $AB /\!/ EC$.

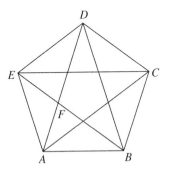

图 24.9

证法1 设 BE 交 AD 于 F,显然有 $\triangle AFE \sim \triangle BCD$,于是

$$\frac{BC}{AD} = \frac{BC}{AF+FD} = \frac{BC}{AF+BC} = \frac{1}{\frac{AF}{BC}+1}$$

$$= \frac{1}{\frac{FE}{CD}+1} = \frac{CD}{FE+CD} = \frac{CD}{BE}.$$

同理可得

$$\frac{BC}{AD} = \frac{CD}{BE} = \frac{DE}{CA} = \frac{EA}{DB} = k.$$

由

$$\vec{AB} + \vec{BC} + \vec{CD} + \vec{DE} + \vec{EA} = \vec{0}$$

得

$$\vec{AB} + k(\vec{AD} + \vec{BE} + \vec{CA} + \vec{DB}) = \vec{0},$$

所以 $\vec{AB} = k\vec{EC}$, $AB \parallel EC$.

证法 2 因为
$$S_{\triangle ABC} = S_{\triangle DBC} = S_{\triangle EDC} = S_{\triangle AED} = S_{\triangle ABE},$$
所以 $AB \parallel EC$.

【**例 24.6**】 在凸四边形 $ABCD$ 中,O 是对角线交点,X 和 Y 分别是 BC 和 DA 的中点,求证:$S_{\triangle AOB} < S_{\triangle COD}$ 当且仅当 O 在四边形 $ABXY$ 的内部.

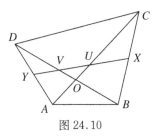

图 24.10

证法 1 设 XY 交 AC 于 U,交 BD 于 V,
$$\vec{OC} = -p\vec{OA}, \quad \vec{OD} = -q\vec{OB}, \quad p > 0, \quad q > 0,$$
则
$$2\vec{OX} = \vec{OB} + \vec{OC} = \vec{OB} - p\vec{OA},$$
$$2\vec{OY} = \vec{OA} + \vec{OD} = \vec{OA} - q\vec{OB}.$$
设
$$k\vec{OA} = \vec{OU} = t\vec{OX} + (1-t)\vec{OY}$$
$$= \frac{t}{2}(\vec{OB} - p\vec{OA}) + \left(\frac{1-t}{2}\right)(\vec{OA} - q\vec{OB}),$$
则
$$\frac{t}{2} - \frac{1-t}{2}q = 0,$$
解得

而
$$t = \frac{q}{1+q}.$$

$$k = \frac{1-t}{2} - p \cdot \frac{t}{2} = \frac{1-pq}{2(1+q)},$$

于是
$$\overrightarrow{OU} = \frac{1-pq}{2(1+q)} \overrightarrow{OA}.$$

同理
$$\overrightarrow{OV} = \frac{1-pq}{2(1+p)} \overrightarrow{OB}.$$

要使得 O 在四边形 $ABXY$ 内部,则 $1<pq$,因此

$$\begin{aligned}S_{\triangle COD} &= \frac{1}{2} \cdot OC \cdot OD\sin\angle COD \\ &= \frac{1}{2} \cdot pOA \cdot qOB\sin\angle AOB \\ &= pqS_{\triangle AOB} > S_{\triangle AOB}.\end{aligned}$$

证法 2 设 W 和 Z 分别是 AB 和 CD 的中点,显然四边形 $WXZY$ 是平行四边形.要使得 O 在四边形 $ABXY$ 内部,则 $S_{WXOY}<S_{YOXZ}$.

注意到中点和平行关系,连结 OW, OX, OZ, OY 之后会得到一些面积相等的图形.我们将面积相等的多边形用相同的编号标记,用方括号加编号表示该多边形的面积,如图 24.11 所示.

要使得 $S_{WXOY}<S_{YOXZ}$,即

$$[1]+[1]+[3]+[4]<[2]+[2]+[3]+[4],$$

而
$$[1]+[3] = \frac{1}{4}S_{\triangle ABC} = [5]+[8],$$

图 24.11

$$[2] + [3] = \frac{1}{4}S_{\triangle BDC} = [7] + [8],$$

化简得

$$[1] + [5] < [2] + [7],$$

所以

$$[1] + [5] = \frac{1}{2}S_{\triangle AOB} < [2] + [7] = \frac{1}{2}S_{\triangle COD}.$$

【例 24.7】 如图 24.12，$\triangle ABC$ 中，D，E，F 分别在 BC，CA，AB 上，且

$$AF = rAB,$$
$$BD = sBC,$$
$$CE = tCA.$$

证明：$\triangle ABC$ 和 $\triangle DEF$ 有共同重心的充要条件是 $r = s = t$.

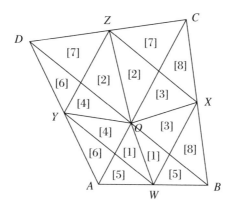

图 24.12

证明 （1）先证必要性. 如果 $\triangle ABC$ 和 $\triangle DEF$ 有共同重心 P，则

$$\vec{PA} + \vec{PB} + \vec{PC} = \vec{0}, \quad \vec{PF} + \vec{PD} + \vec{PE} = \vec{0},$$

两式相减,得
$$\vec{AF} + \vec{BD} + \vec{CE} = \vec{0},$$

即
$$r\vec{AB} + s\vec{BC} + t\vec{CA} = \vec{0},$$

也即
$$r\vec{AB} + s\vec{BC} + t\vec{CB} + t\vec{BA} = \vec{0},$$

所以
$$r - t = 0, \quad s - t = 0,$$

即 $r = s = t$.

(2) 再证充分性. 设点 P 是 $\triangle ABC$ 的重心, 则
$$S_{\triangle PAB} = S_{\triangle PBC} = S_{\triangle PCA}.$$

设 $r = s = t = k$, 则
$$S_{\triangle CEP} = S_{\triangle AFP} = S_{\triangle BDP} = \frac{k}{3} S_{\triangle ABC},$$

$$S_{\triangle CDP} = S_{\triangle BFP} = S_{\triangle AEP} = \frac{1-k}{3} S_{\triangle ABC},$$

$$S_{\triangle CED} = S_{\triangle AFE} = S_{\triangle BDF} = k(1-k) S_{\triangle ABC},$$

所以
$$S_{\triangle DEP} = S_{\triangle EFP} = S_{\triangle FDP},$$

因此点 P 是 $\triangle DEF$ 的重心.

24.3 面积最值问题

【例 24.8】 要围面积为 S 的长方形鸭棚,使它一面靠墙,三面用栏杆圈围. 求长方形长宽如何,才能最节省栏杆.

解 如图 24.13,设长方形边长分别为 x,y,则需要栏杆 $2x+y \geq 2\sqrt{2xy} = 2\sqrt{2S}$,当且仅当 $2x=y$ 时等式成立.

答案给我们启示,题目相当于要围一个面积为 $2S$ 的正方形鸭棚(图 24.14).此时又归结于一个经典命题:面积相等的长方形中,正方形周长最小.

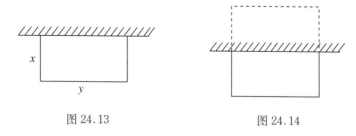

图 24.13　　　　　图 24.14

【例 24.9】 内接于半圆的矩形,何时面积最大?

利用对称的观点,我们可以假设是在圆中作四边形,正方形面积最大.由此得出本题的结论:当且仅当长宽比为 $2:1$ 时,内接于半圆的矩形面积最大.

此题直接求解也简.如图 24.15,设圆半径为 1,$\angle AOB = \theta$,则
$$S_{ABCD} = AB \cdot BC = \sin\theta \cdot 2\cos\theta = \sin 2\theta \leq 1,$$
当且仅当 $\theta = \dfrac{\pi}{4}$ 时等式成立,此时 $BC = \sqrt{2}, AB = \dfrac{\sqrt{2}}{2}$.

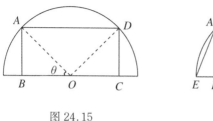 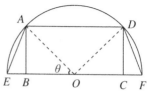

图 24.15　　　　　图 24.16

【例 24.10】 内接于半圆的梯形,何时面积最大?

显然,在图 24.15 的基础上增添 2 笔得到图 24.16,就要比矩形面积更大. 设圆半径为 1,则

$$S_{AEFD} = \frac{(2\cos\theta + 2) \cdot \sin\theta}{2} = \sin\theta(\cos\theta + 1).$$

你可以尝试去求 $\sin\theta(\cos\theta+1)$ 的极值,也可以考虑先代入两个特殊值:

$$\sin\frac{\pi}{3}\left(\cos\frac{\pi}{3}+1\right) = \frac{3\sqrt{3}}{4}, \quad \sin\frac{\pi}{4}\left(\cos\frac{\pi}{4}+1\right) = \frac{1+\sqrt{2}}{2},$$

显然 $\frac{3\sqrt{3}}{4} > \frac{1+\sqrt{2}}{2}$. 那是否 $\theta = \frac{\pi}{3}$ 时, $\sin\theta(\cos\theta+1)$ 取得最大值? 这还需进一步分析.

对 $\sin\theta(\cos\theta+1)$ 求导,得

$$2\cos^2\theta + \cos\theta - 1 = 0,$$

解得 $\cos\theta = \frac{1}{2}, \cos\theta = -1$ (舍去),这说明当 $\theta = \frac{\pi}{3}$ 时, S_{AEFD} 取得最大值.

不用求导,也有方法解决.

另解 如图 24.17,设圆半径为 1, E 是 AD 中点, $ED = x$,那么

$$S_{AEFD} = \frac{(2x+2) \cdot \sqrt{1-x^2}}{2} = (x+1) \cdot \sqrt{1-x^2}$$

$$= \sqrt{(x+1)^3(1-x)} = \sqrt{\frac{1}{3}(x+1)(x+1)(x+1)(3-3x)}$$

$$\leqslant \sqrt{\frac{1}{3}\left[\frac{(x+1)+(x+1)+(x+1)+(3-3x)}{4}\right]^4}$$

$$= \frac{3\sqrt{3}}{4},$$

当且仅当 $x+1=3-3x$，即 $x=\dfrac{1}{2}$ 时，S_{AEFD} 取得最大值.

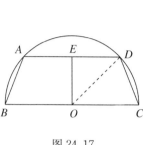

图 24.17   图 24.18

从上述两种解法所得到的结论，即当 $\theta=\dfrac{\pi}{3}$ 时或 $x=\dfrac{1}{2}$ 时，S_{AEFD} 取得最大值，你想到了什么？利用对称的观点，内接于半圆的梯形何时面积最大，相当于内接于圆的六边形何时面积最大.

【例 24.11】 内接于圆的 n 边形，何时面积最大？

内接于圆的 n 边形，以正 n 边形面积最大. 下面给出一个直观的说明.

如图 24.19，考虑圆内接 n 边形的某个顶点 K，旁边的两个顶点分别是 A 和 B，此时 AB 把多边形分成两部分，当改变 K 时，只会影响 $\triangle ABK$ 的面积，不影响多边形其余部分面积. K 的位置不同，则三角形面积不同. 作一系列平行于 AB 的直线，K 只能落在这些直线与圆的交点上，当 K 所在直线与圆相切时，K 离 AB 最远，此时 $KA=KB$.

严格证明，如图 24.20，有

$$PA+PB=2R(\sin\alpha+\sin\beta)=4R\sin\dfrac{\alpha+\beta}{2}\cos\dfrac{\alpha-\beta}{2}$$

$$\leqslant 4R\sin\frac{\alpha+\beta}{2}.$$

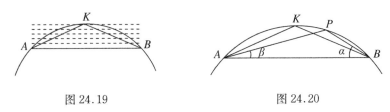

图 24.19　　　　　　　　图 24.20

以上结论说明,若圆内接多边形中邻边长度不等,则可以通过调整使其邻边相等,从而使其面积更大.而当所有边都相等时,其面积达到最大.所以内接于圆的 n 边形,以正 n 边形面积最大.

如果懂一点数学分析的知识,可以这样来看,原来多边形面积为 S_0,调整之后变成 $S_1,S_2,\cdots,S_n,\cdots$,其中
$$S_i < S_{i+1}, \quad S_i < S_{\odot O},$$
那么
$$S_0,S_1,S_2,\cdots,S_n,\cdots$$
构成一个递增且有上界的数列,则 $\lim\limits_{n\to\infty}S_n$ 存在,且恰为正 n 边形的面积.

严格的证明需要用到凸函数的性质.如图 24.21,设圆半径为 1,多边形 $A_1A_2A_3\cdots A_n$ 是圆内接多边形,边 $A_1A_2,A_2A_3,\cdots,A_nA_1$ 所对圆心角分别为 $\theta_1,\theta_2,\cdots,\theta_n$,则
$$S = \frac{1}{2}(\sin\theta_1 + \sin\theta_2 + \sin\theta_3 + \cdots + \sin\theta_n)$$
$$\leqslant \frac{n}{2}\sin\frac{\theta_1+\theta_2+\theta_3+\cdots+\theta_n}{n}$$
$$= \frac{n}{2}\sin\frac{2\pi}{n},$$
当且仅当各边相等时等号成立.

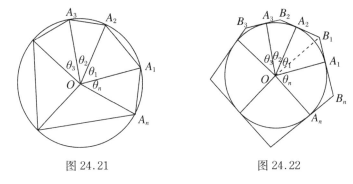

图 24.21　　　　　　　图 24.22

用类似的方法不难得到另一个命题:外切于圆的 n 边形,以正 n 边形面积最小. 如图 24.22,设圆半径为 1,多边形 $B_1B_2B_3\cdots B_n$ 是圆外切多边形,切点分别为 $A_1,A_2,\cdots,A_n$,则

$$S = \tan\frac{\theta_1}{2} + \tan\frac{\theta_2}{2} + \tan\frac{\theta_3}{2} + \cdots + \tan\frac{\theta_n}{2}$$

$$\geqslant n\tan\frac{\frac{\theta_1}{2} + \frac{\theta_2}{2} + \frac{\theta_3}{2} + \cdots + \frac{\theta_n}{2}}{n}$$

$$= n\tan\frac{\pi}{n},$$

当且仅当各边相等时等号成立.

【例 24.12】　内接于半圆的平行四边形,何时面积最大?

平行四边形内接于半圆,有两种可能.

情形 1　如图 24.23,平行四边形 $AEFD$ 两个顶点在半圆弧上,两个顶点在直径上,显然 $S_{ABCD} = S_{AEFD}$.

情形 2　如图 24.24,平行四边形 $AEFG$ 三个顶点在半圆弧上,一个顶点在直径上,设 GF 交 BC 于 H,交 AD 于 I,显然 $AI \leqslant AD$, $S_{AEFG} = S_{AEHI} \leqslant S_{ABCD}$.

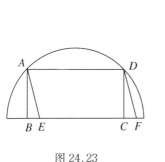
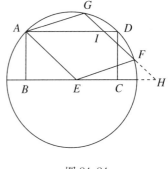

图 24.23　　　　　　　图 24.24

综上，平行四边形为矩形时面积最大，此时可化归为例 24.9.

24.4　代数等式与不等式

【例 24.13】 求 $\sqrt{x-\dfrac{1}{x}}+\sqrt{1-\dfrac{1}{x}}=x$ 的实数解.

此题是一道经典题，有几十种解法，下面先给出一种构造法.

解法 1 根据

$$\left(\sqrt{x-\frac{1}{x}}\right)^2+\left(\sqrt{\frac{1}{x}}\right)^2=x,$$

$$\left(\sqrt{1-\frac{1}{x}}\right)^2+\left(\sqrt{\frac{1}{x}}\right)^2=1,$$

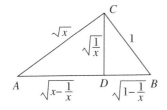

构造两个直角三角形——△ACD 和 △BCD（图 24.25），于是

$$\sqrt{x-\frac{1}{x}}+\sqrt{1-\frac{1}{x}}=x=AB.$$

由面积关系得

图 24.25

$$\frac{1}{2}\sqrt{x}\sin\angle ACB = \frac{1}{2}x\sqrt{\frac{1}{x}},$$

解得

$$\sin\angle ACB = 1, \quad \angle ACB = 90°.$$

于是根据勾股定理得 $1^2 + (\sqrt{x})^2 = x^2$,解得 $x = \frac{1\pm\sqrt{5}}{2}$,经检验,负值舍去,所以 $x = \frac{1+\sqrt{5}}{2}$.

解法 2 显然 $x>0$. $\sqrt{x-\frac{1}{x}} + \sqrt{1-\frac{1}{x}} = x$,即

$$x - \frac{1}{x} = \left(x - \sqrt{1-\frac{1}{x}}\right)^2 = x^2 - 2\sqrt{1-\frac{1}{x}}x - \frac{1}{x} + 1,$$

即

$$x^2 - x + 1 = 2\sqrt{\frac{x-1}{x}}x,$$

所以

$$(x^2 - x + 1)^2 - 4(x-1)x = 0,$$

即

$$1 + 2x - x^2 - 2x^3 + x^4 = 0,$$

也即 $(x^2 - x - 1)^2 = 0$,解得 $x = \frac{1+\sqrt{5}}{2}$.

相比解法 1 的巧妙构造,解法 2 可以说平淡无奇,所运用的不过是看到分式就通分、看到根号就平方这样的常识,唯一有点困难的是将四次方程化为可求解的低次方程,如果解题者对

$$(a + b + c)^2 = a^2 + b^2 + c^2 + 2ab + 2bc + 2ca$$

这样的恒等式比较熟悉,或使用待定系数法,其实也并不困难. 解法 1

有探索的价值,但其教学价值不大,因为今后遇到类似的题目,未必能构造出图形来,特别是在规定的时间内.所以我们更需要的是解法 2 这样的通法.

求根式方程,最大的难点就是消除根号.根式方程一定能转化成多项式方程么?这是我们研究最多,也最熟悉的.答案是肯定的,只不过操作起来有点麻烦而已.

其基本思路十分简单.为什么要将

$$\sqrt{x-\frac{1}{x}}+\sqrt{1-\frac{1}{x}}=x$$

移项之后再平方 $\left(x-\frac{1}{x}=\left(x-\sqrt{1-\frac{1}{x}}\right)^2\right)$?这是为了这次平方能消去 $\sqrt{x-\frac{1}{x}}$.对于剩下的根式 $\sqrt{\frac{x-1}{x}}$,我们也把它单独放在等式的一边(也可认为是特别重视,单独处理),那么继续平方之后就可以消去该根号了.

【例 24.14】 证明 $\sqrt{xy}<\dfrac{x-y}{\ln x-\ln y}<\dfrac{x+y}{2}$.

证明 如图 24.26,过 $f(t)=\dfrac{1}{t}$ 上的点 $\left(\dfrac{x+y}{2},\dfrac{2}{x+y}\right)$ 作切线,根据曲边多边形面积大于梯形面积,可得

$$(x-y)\cdot\frac{1}{\dfrac{x+y}{2}}<\int_y^x\frac{1}{t}dt=\ln x-\ln y,$$

即

$$\frac{x-y}{\ln x-\ln y}<\frac{x+y}{2}.$$

如图 24.27,根据梯形面积大于曲边多边形面积,可得

$$\int_{\sqrt{y}}^{\sqrt{x}} \frac{1}{t} \mathrm{d}t = \ln\sqrt{x} - \ln\sqrt{y} < (\sqrt{x} - \sqrt{y})\left(\frac{\frac{1}{\sqrt{x}} + \frac{1}{\sqrt{y}}}{2}\right),$$

即

$$\sqrt{xy} < \frac{x-y}{\ln x - \ln y}.$$

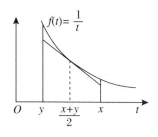

图 24.26

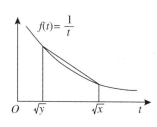

图 24.27

【例 24.15】 已知正数 x, y, z,求 $\dfrac{xyz(x+y+z)}{(x+y)^2(y+z)^2}$ 的最大值.

解法 1 设 $\dfrac{xyz(x+y+z)}{(x+y)^2(y+z)^2} = t$,则

$$t(x+y)^2(y+z)^2 - xyz(x+y+z) = 0,$$

把上式看作是关于 x 的方程

$$x^2(ty^2 + 2tyz + tz^2 - yz) + x(2ty^3 + 4ty^2z + 2tyz^2$$
$$- y^2z - yz^2) + ty^4 + 2ty^3z + ty^2z^2 = 0,$$

要使得方程有解,则

$$(2ty^3 + 4ty^2z + 2tyz^2 - y^2z - yz^2)^2$$
$$- 4(ty^2 + 2tyz + tz^2 - yz)(ty^4 + 2ty^3z + ty^2z^2) \geqslant 0,$$

即

$$(1 - 4t)y^2z^2(y+z)^2 \geqslant 0,$$

所以 $t \leqslant \dfrac{1}{4}$. 又当 $x = 1, y = 2, z = -6$ 时,$t = \dfrac{1}{4}$,故所求最大值为 $\dfrac{1}{4}$.

解法 2 设 $\triangle ABC$ 的三边长分别为

$AB = c = x + y$, $BC = a = y + z$, $CA = b = z + x$,

记 $p = \dfrac{a+b+c}{2} = x + y + z$, 则

$$\dfrac{xyz(x+y+z)}{(x+y)^2(y+z)^2} = \dfrac{(p-a)(p-b)(p-c)p}{c^2 a^2}$$

$$= \dfrac{S^2_{\triangle ABC}}{4S^2_{\triangle ABC}/\sin^2 B} = \dfrac{\sin^2 B}{4} \leqslant \dfrac{1}{4},$$

当且仅当 $B = 90°$ 时,等号成立,故所求最大值为 $\dfrac{1}{4}$.

24.5 几何等式与不等式

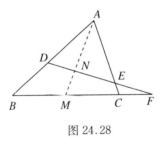

图 24.28

【**例 24.16**】 如图 24.28, AM 是 $\triangle ABC$ 的中线,点 N 是 $\triangle ABC$ 的重心,过点 N 作直线分别交 AB 于 D,交 AC 于 E,交 BC 的延长线于 F,求证:
$$\dfrac{ND}{NE} + \dfrac{ND}{NF} = 1.$$

证明

$$\dfrac{ND}{NE} + \dfrac{ND}{NF} = \dfrac{S_{\triangle ADM}}{S_{\triangle AEM}} + \dfrac{S_{\triangle ADM}}{S_{\triangle AFM}} = \dfrac{\dfrac{AD}{AB}S_{\triangle ABM}}{\dfrac{AE}{AC}S_{\triangle ACM}} + \dfrac{S_{\triangle ADM}}{S_{\triangle ABM}} \dfrac{S_{\triangle ABM}}{S_{\triangle AFM}}$$

$$= \dfrac{AD}{AB} \dfrac{AC}{AE} + \dfrac{AD}{AB} \dfrac{BM}{FM} = \dfrac{AD}{AB} \dfrac{S_{\triangle ANCF}}{S_{\triangle AFN}} + \dfrac{AD}{AB} \dfrac{S_{\triangle ABN}}{S_{\triangle AFN}}$$

$$= \dfrac{AD}{AB} \dfrac{S_{\triangle ANBF}}{S_{\triangle AFN}} = \dfrac{AD}{AB} \dfrac{AB}{AD} = 1.$$

【例 24.17】 如图 24.29，P 是 $\triangle ABC$ 外一点，过点 P 作直线分别交 AB,AC 于 E,G，交 BC 的延长线于 F，求证：$\dfrac{S_{\triangle PBC}}{PF} + \dfrac{S_{\triangle PAC}}{PG} = \dfrac{S_{\triangle PAB}}{PE}$.

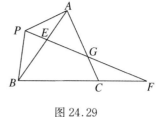

图 24.29

证明 要证
$$\frac{S_{\triangle PBC}}{PF} + \frac{S_{\triangle PAC}}{PG} = \frac{S_{\triangle PAB}}{PE},$$
即
$$\frac{S_{\triangle PBC}PE}{PF} + \frac{S_{\triangle PAC}PE}{PG} = S_{\triangle PAB},$$
也即
$$S_{\triangle PBC}\left(1 - \frac{EF}{PF}\right) + S_{\triangle PAC}\left(1 - \frac{EG}{PG}\right) = S_{\triangle PAB},$$
所以
$$S_{\triangle PBC}\left(1 - \frac{S_{\triangle EBC}}{S_{\triangle PBC}}\right) + S_{\triangle PAC}\left(1 - \frac{S_{\triangle ECA}}{S_{\triangle PCA}}\right) = S_{\triangle PAB},$$
即
$$S_{\triangle PBC} - S_{\triangle EBC} + S_{\triangle PAC} - S_{\triangle ECA} = S_{\triangle PAB},$$
这显然成立.

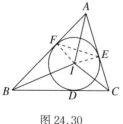

图 24.30

【例 24.18】 如图 24.30，设 I 是 $\triangle ABC$ 的内心，求证：$aAI^2 + bBI^2 + cCI^2 = abc$.

证明 设 $\triangle ABC$ 的内切圆与三边分别切于 D,E,F 三点，则

$$S_{AFIE} = \frac{1}{2}AI \cdot EF$$

$$= \frac{1}{2}AI \cdot AI\sin A$$

$$= \frac{1}{2}AI^2 \frac{a}{2R},$$

同理可得其他两式. 于是

$$S_{\triangle ABC} = S_{AFIE} + S_{BDIF} + S_{CEID} = \frac{aAI^2}{4R} + \frac{bBI^2}{4R} + \frac{cCI^2}{4R},$$

而

$$S_{\triangle ABC} = \frac{1}{2}ab\sin C = \frac{1}{2}ab\frac{c}{2R} = \frac{abc}{4R}.$$

于是

$$\frac{aAI^2}{4R} + \frac{bBI^2}{4R} + \frac{cCI^2}{4R} = \frac{abc}{4R},$$

即

$$aAI^2 + bBI^2 + cCI^2 = abc.$$

【例 24.19】 如图 24.31,已知 $\triangle ABC$ 中,AD,BE,CF 交于点 G,且 $S_{\triangle AEG} = S_{\triangle BFG} = S_{\triangle CDG}$,求证点 G 是 $\triangle ABC$ 的重心.

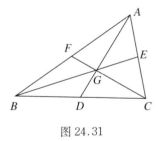

图 24.31

证法 1 设

$$S_{\triangle AEG} = S_{\triangle BFG} = S_{\triangle CDG} = S,$$

$$\frac{S_{\triangle BDG}}{S_{\triangle CDG}} = \frac{BD}{CD},$$

则 $S_{\triangle BDG} = \frac{BD}{CD}S$,同理可得

$$S_{\triangle CEG} = \frac{CE}{AE}S, \quad S_{\triangle AFG} = \frac{AF}{BF}S,$$

$$\frac{S_{\triangle ABG}}{S_{\triangle CBG}} = \frac{S_{\triangle AFG} + S_{\triangle BFG}}{S_{\triangle BDG} + S_{\triangle CDG}} = \frac{S\dfrac{AF}{BF} + S}{S\dfrac{BD}{CD} + S} = \frac{AE}{CE},$$

即

$$\frac{AF}{BF} + 1 = \frac{AE}{CE}\left(\frac{BD}{CD} + 1\right).$$

同理,有

$$\frac{BD}{CD} + 1 = \frac{BF}{AF}\left(\frac{CE}{AE} + 1\right),$$

两式相乘,得

$$\frac{AF}{BF} + 1 = \frac{AE}{CE}\left(\frac{CE}{AE} + 1\right)\frac{AF}{BF},$$

化简得

$$\frac{CE}{AE} = \frac{AF}{BF},$$

所以

$$S_{\triangle CEG} = \frac{CE}{AE}S = \frac{AF}{BF}S = S_{\triangle AFG},$$

则

$$\frac{BD}{CD} = \frac{S_{\triangle ABG}}{S_{\triangle ACG}} = 1,$$

根据对称性可得 $\dfrac{CE}{AE} = 1$,所以点 G 是 $\triangle ABC$ 的重心.

证法 2 设

$$S_{\triangle AEG} = S_{\triangle BFG} = S_{\triangle CDG} = S,$$

不妨设

$S_{\triangle AFG} \leqslant S_{\triangle BDG}$, $S_{\triangle AFG} \leqslant S_{\triangle CEG}$,

由 $S_{\triangle AFG} \leqslant S_{\triangle BDG}$ 得 $S \leqslant S_{\triangle CEG}$, 由 $S_{\triangle AFG} \leqslant S_{\triangle CEG}$ 得 $S_{\triangle BDG} \leqslant S$, 从而 $S_{\triangle BDG} \leqslant S_{\triangle CEG}$, 得 $S \leqslant S_{\triangle AFG}$. 则

$$S_{\triangle AFG} \leqslant S_{\triangle BDG} \leqslant S \leqslant S_{\triangle AFG},$$

所以

$$S_{\triangle AFG} = S_{\triangle BDG} = S,$$

点 F, D 为中点, 所以点 G 是 $\triangle ABC$ 的重心.

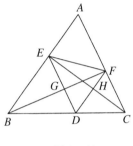

图 24.32

【例 24.20】 如图 24.32, 已知点 D, E, F 分别是 $\triangle ABC$ 的边 BC, AB, CA 上的点, 且

$$DE \parallel CA, \quad DF \parallel BA,$$

BF 交 DE 于 G, CE 交 DF 于 H, 求证:

$$S_{\triangle AEF} = S_{\triangle BDG} + S_{\triangle CDH}.$$

证明 由 $DE \parallel CA, DF \parallel BA$, 易得

$$S_{\triangle BDF} = S_{\triangle CDE} = S_{\triangle DEF} = S_{\triangle AEF}.$$

而

$$\frac{S_{\triangle BDG}}{S_{\triangle BDF}} = \frac{BG}{BF} = \frac{BD}{BC}, \quad \frac{S_{\triangle CDH}}{S_{\triangle CDE}} = \frac{CH}{CE} = \frac{CD}{BC},$$

所以

$$\frac{S_{\triangle BDG}}{S_{\triangle AEF}} + \frac{S_{\triangle CDH}}{S_{\triangle AEF}} = \frac{BD}{BC} + \frac{CD}{BC} = 1,$$

即

$$S_{\triangle AEF} = S_{\triangle BDG} + S_{\triangle CDH}.$$

【例 24.21】 如图 24.33, 直角 $\triangle ABC$ 中,

$$BD = BE = a, \quad BA = BC = b,$$

AD 交 CE 于 F, 请用 a, b 表示 $S_{\triangle AFC}$.

解法 1 如图 24.34,作 $FG \perp BC$,则 $FG = BG$. 设 $FG = x$,则由 $\dfrac{FG}{GC} = \dfrac{EB}{BC}$ 得 $\dfrac{x}{b-x} = \dfrac{a}{b}$,解得 $x = \dfrac{ab}{a+b}$,则

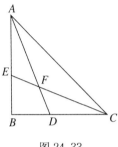
图 24.33

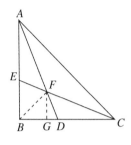
图 24.34

$$S_{\triangle AFC} = S_{\triangle ABC} - 2S_{\triangle BFC} = \dfrac{1}{2}b^2 - xb$$

$$= \dfrac{1}{2}b^2 - b\dfrac{ab}{a+b} = \dfrac{b^2(b-a)}{2(b+a)}.$$

解法 2

$$S_{\triangle AFC} = S_{\triangle AEC}\dfrac{CF}{CE} = S_{\triangle AEC}\dfrac{S_{\triangle ACD}}{S_{\triangle ACD} + S_{\triangle AED}}$$

$$= \dfrac{1}{2}(b-a)b\dfrac{\dfrac{1}{2}(b-a)b}{\dfrac{1}{2}(b-a)b + \dfrac{1}{2}(b-a)a}$$

$$= \dfrac{b^2(b-a)}{2(b+a)}.$$

【例 24.22】 如图 24.35,正六边形 $ABCDEF$ 中有点 P,求证: $S_{\triangle PAB} + S_{\triangle PCD} + S_{\triangle PEF} = S_{\triangle PBC} + S_{\triangle PDE} + S_{\triangle PFA}$.

此题可看作是"平行四边形内有点 P(图 24.36),则 $S_{\triangle PAB} + S_{\triangle PCD} = S_{\triangle PBC} + S_{\triangle PDA}$"的升级版.

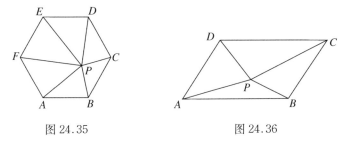

图 24.35　　　　　　图 24.36

证法 1　如图 24.37,设 P 在 CF 的垂足为 R,P 在 DA 上的垂足为 S,P 在 EB 上的垂足为 T,P 在 BC 上的垂足为 K,要证

$$S_{\triangle PAB}+S_{\triangle PCD}+S_{\triangle PEF}=S_{\triangle PBC}+S_{\triangle PDE}+S_{\triangle PFA},$$

只需证 $2PS=2PR+2PT$. 而 $PS+PK=PR+PT+PK=\triangle BCO$ 的高.

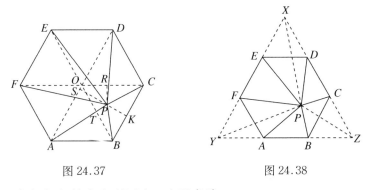

图 24.37　　　　　　图 24.38

仔细想想就会发现证法 1 走了弯路.

证法 2　如图 24.38,延长 EF,AB,CD 得到正 $\triangle XYZ$,则

$$S_{\triangle PAB}+S_{\triangle PCD}+S_{\triangle PEF}=\frac{1}{3}(S_{\triangle PYZ}+S_{\triangle PZX}+S_{\triangle PXY})$$

$$=\frac{1}{3}S_{\triangle XYZ}=\frac{1}{2}S_{ABCDEF}.$$

【例 24.23】　如图 24.39,已知 AC,CE 是正六边形 $ABCDEF$ 的两条对角线,点 M,N 分别内分 AC,CE,且使得 $\dfrac{AM}{AC}=\dfrac{CN}{CE}=\dfrac{1}{\sqrt{3}}$. 求

证:B,M,N 三点共线.(IMO23 第 5 题的逆命题)

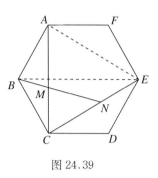

图 24.39

证明 设正六边形的面积为 6,则 $S_{\triangle ABC}=1$, $S_{\triangle BCE}=2$, $S_{\triangle ACE}=3$,于是

$$S_{\triangle BMC}=\left(1-\frac{1}{\sqrt{3}}\right)S_{\triangle ABC}=1-\frac{1}{\sqrt{3}},$$

$$S_{\triangle BCN}=\frac{2}{\sqrt{3}},$$

$$S_{\triangle CMN}=\frac{CM\cdot CN}{CA\cdot CE}S_{\triangle ACE}=\sqrt{3}-1.$$

由

$$\begin{aligned}S_{\triangle BMN}&=|S_{\triangle BCM}+S_{\triangle CMN}-S_{\triangle BCN}|\\&=\left|1-\frac{1}{\sqrt{3}}+\sqrt{3}-1-\frac{2}{\sqrt{3}}\right|=0,\end{aligned}$$

可得 B,M,N 三点共线.

【例 24.24】 如图 24.40,在 $\triangle ABC$ 中,点 D 为 BC 中点,点 E, F 分别是 AC,AB 边上的任意点.求证:$\dfrac{S_{\triangle DEF}}{S_{\triangle ABC}}\leqslant\dfrac{1}{2}$.

证法 1 设 $AF=rAB,AE=sAC$,且 $0\leqslant r\leqslant s\leqslant 1$,则

$$BF=(1-r)AB,\quad CE=(1-s)AC,$$

所以

$$\begin{aligned}\frac{S_{\triangle DEF}}{S_{\triangle ABC}}&=\frac{S_{\triangle ABC}-S_{\triangle AFE}-S_{\triangle BDF}-S_{\triangle CDE}}{S_{\triangle ABC}}\\&=1-\frac{S_{\triangle AFE}}{S_{\triangle ABC}}-\frac{S_{\triangle BDF}}{S_{\triangle ABC}}-\frac{S_{\triangle CDE}}{S_{\triangle ABC}}\\&=1-rs-\frac{1}{2}(1-r)-\frac{1}{2}(1-s)\end{aligned}$$

$$= \frac{r+s}{2} - rs,$$

设 $s = r + t$,其中 $0 \leqslant t \leqslant 1$,要证 $\frac{r+s}{2} - rs \leqslant \frac{1}{2}$,只需证

$$r + \frac{t}{2} - r(r+t) - \frac{1}{2} \leqslant 0,$$

即

$$-r^2 + r(1-t) + \frac{t-1}{2} \leqslant 0,$$

将其视为关于 r 的二次函数,只要证

$$\frac{4 \cdot (-1) \cdot \frac{t-1}{2} - (1-t)^2}{4 \cdot (-1)} \leqslant 0,$$

而此式化简后为 $t^2 \leqslant 1$,显然成立.

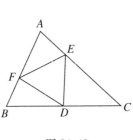

图 24.40

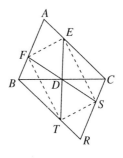

图 24.41

证法 2 将图形关于点 D 作中心对称,显然四边形 $FTSE$ 和四边形 $ABRC$ 均是平行四边形,于是

$$4S_{\triangle DEF} = S_{FTSE} \leqslant S_{ABRC} = 2S_{\triangle ABC},$$

所以

$$\frac{S_{\triangle DEF}}{S_{\triangle ABC}} \leqslant \frac{1}{2}.$$

证法 3 设 AC 中点为 K,则

$$S_{\triangle EFD} = pS_{\triangle AFD} + (1-p)S_{\triangle KFD}$$
$$\leqslant p\max\{S_{\triangle AFD}, S_{\triangle KFD}\} + (1-p)\max\{S_{\triangle AFD}, S_{\triangle KFD}\}$$
$$= \max\{S_{\triangle AFD}, S_{\triangle KFD}\} \leqslant \max\{S_{\triangle ABD}, S_{\triangle ABD}\} = \frac{1}{2}S_{\triangle ABC}.$$

此证法用到定比分点形式的共边定理.这一定理可将线段上的点转移到顶点上去,用起来极为方便.

【例 24.25】 分别以锐角 $\triangle ABC$ 的边 AB,BC,CA 为直径画圆,如图 24.42 所示.已知在三角形外的阴影曲边三角形面积为 m 平方厘米,在三角形内的阴影曲边三角形面积为 n 平方厘米,试确定 $\triangle ABC$ 的面积.(2008 年北京市中学生数学竞赛高一初赛试题)

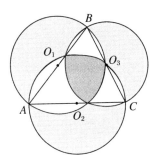

图 24.42

解
$$S_{空白} = \left(\frac{S_{\odot O_1}}{2} - n\right) + \left(\frac{S_{\odot O_2}}{2} - n\right) + \left(\frac{S_{\odot O_3}}{2} - n\right) + n - S_{\triangle ABC},$$

则
$$S_{总} = \left(\frac{S_{\odot O_1}}{2} - n\right) + \left(\frac{S_{\odot O_2}}{2} - n\right) + \left(\frac{S_{\odot O_3}}{2} - n\right)$$
$$+ n - S_{\triangle ABC} + m + n.$$

而从另一个角度看,
$$S_{总} = \frac{S_{\odot O_1}}{2} + \frac{S_{\odot O_2}}{2} + \frac{S_{\odot O_3}}{2} + S_{\triangle ABC}.$$

所以
$$\left(\frac{S_{\odot O_1}}{2} - n\right) + \left(\frac{S_{\odot O_2}}{2} - n\right) + \left(\frac{S_{\odot O_3}}{2} - n\right) + n - S_{\triangle ABC} + m + n$$

$$= \frac{S_{\odot O_1}}{2} + \frac{S_{\odot O_2}}{2} + \frac{S_{\odot O_3}}{2} + S_{\triangle ABC},$$

解得 $S_{\triangle ABC} = \frac{1}{2}(m - n)$.

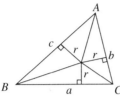

图 24.43

【例 24.26】 如图 24.43,设三角形三高为分别 l, m, n,内切圆半径为 r,求证:
$$\frac{1}{r} = \frac{1}{l} + \frac{1}{m} + \frac{1}{n}.$$

证明 设三高 l, m, n 所对应的边的边长分别为 a, b, c,根据面积关系可列等式

$$2S = r(a + b + c) = al = bm = cn,$$

所以

$$\frac{2S}{r} = \frac{2S}{l} + \frac{2S}{m} + \frac{2S}{n},$$

即

$$\frac{1}{r} = \frac{1}{l} + \frac{1}{m} + \frac{1}{n}.$$

【例 24.27】 如图 24.44,设四边形 $ABCD$ 是圆内接四边形,求证:
$$\frac{AC}{BD} = \frac{DA \cdot AB + BC \cdot CD}{AB \cdot BC + CD \cdot DA}.$$

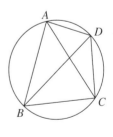

图 24.44

证明 根据正弦定理得
$$\frac{AC}{BD} = \frac{\sin\angle ADC}{\sin\angle BAD},$$

由

$$S_{\triangle ABC} + S_{\triangle ADC} = S_{\triangle BAD} + S_{\triangle BCD}$$

得
$$\frac{1}{2}BA \cdot BC\sin\angle ABC + \frac{1}{2}DA \cdot DC\sin\angle ADC$$
$$= \frac{1}{2}BA \cdot AD\sin\angle BAD + \frac{1}{2}BC \cdot DC\sin\angle BCD,$$

化简得
$$\frac{\sin\angle ADC}{\sin\angle BAD} = \frac{DA \cdot AB + BC \cdot CD}{AB \cdot BC + CD \cdot DA},$$

所以
$$\frac{AC}{BD} = \frac{DA \cdot AB + BC \cdot CD}{AB \cdot BC + CD \cdot DA}.$$

【例 24.28】 在边长为 10 的正方形 $ABCD$ 中,若按图 24.45 所示嵌入 6 个边长一样的小正方形,使得 P,Q,M,N 四个顶点落在大正方形的边上,则这六个小正方形的面积之和是_____.(2009 年在职研究生考试 GCT 数学真题)

解 如图 24.46 所示,作 $QR \perp AD$,则 $\triangle DNM \backsim \triangle RQN$,且相似比为 $1:5$,这是解题的关键.设 $DM = x, DN = y$,则 $2y + 5x = 10, 5y = 10$,解得 $y = 2, x = 1.2$,所求面积为 $6(x^2 + y^2) = 32\frac{16}{25}$.

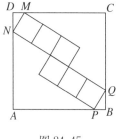

图 24.45

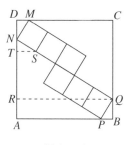

图 24.46

练习题的提示或解答概要

练习题 1

3. 注意 $n=3$ 时的特例：

(第 3 题图)

练习题 2

1. 将 $a=\dfrac{2S}{h_a}, b=\dfrac{2S}{h_b}, c=\dfrac{2S}{h_c}$ 代入海伦公式，得

$$S^2 = S^4 \left(\frac{1}{h_a}+\frac{1}{h_b}+\frac{1}{h_c}\right)\left(-\frac{1}{h_a}+\frac{1}{h_b}+\frac{1}{h_c}\right)$$
$$\cdot \left(\frac{1}{h_a}-\frac{1}{h_b}+\frac{1}{h_c}\right)\left(\frac{1}{h_a}+\frac{1}{h_b}-\frac{1}{h_c}\right).$$

求出 S，再求 a,b,c。

3. 由 $S=\dfrac{1}{2}ab\sin C=\dfrac{1}{2}bc\sin A$ 解出

$$c = \frac{a\sin C}{\sin A} = \frac{a\sin C}{\sin(B+C)},$$

所以

$$S = \frac{1}{2}ac\sin B = \frac{1}{2}a^2 \cdot \frac{\sin B \sin C}{\sin(B+C)}.$$

练习题 3

2. 如图,有

$$S_{\triangle ACQ} - S_{\triangle BPQ} = S_{\triangle ACC^*} - S_{\triangle ABC^*} - S_{\triangle CPC^*} + S_{\triangle BPC^*},$$

再用面积公式 $S_{\triangle ACC^*} = \frac{1}{2}AC^* \cdot CC^* \sin C^*$ 等代入.

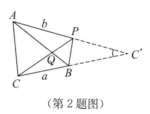

(第2题图)

练习题 4

2. 利用例 4.3 的结果,在 $\triangle ABC$ 中,令 $A = 2\alpha, B = 2\beta, A, B$ 的角平分线分别为 f_A, f_B,当 $b \leqslant a$ 时,$\cos\alpha \leqslant \cos\beta$,所以

$$f_A = \frac{2bc\cos\alpha}{b+c} = \frac{2\cos\alpha}{\frac{1}{c}+\frac{1}{b}} \leqslant \frac{2\cos\beta}{\frac{1}{c}+\frac{1}{a}} = f_B.$$

3. 注意到:$\frac{b}{c} = \frac{S_{\triangle \text{II}}}{S_{\triangle \text{I}}}$.

4. 在例 4.5 的方程 (4.5),(4.6),(4.7),(4.8) 中,(4.8) 变为

$$\frac{\sin(\alpha+\beta)}{c} = \frac{\sin\beta}{a} \quad (因 \angle LKA = 180° - \angle KAC).$$

所以最后的结果成为 $\frac{2}{l} - \frac{1}{f} = 0$,即 $l = 2f$.

5. 仿例 4.5 的方法,以点 A 为视点.

练习题 5

1. (1) 如果 $A = A', B = B'$,显然 $C = C'$,由正弦定理得
$$\frac{a}{a'} = \frac{b}{b'} = \frac{c}{c'} = k;$$

(2) 如果三边成比例,则 $a = ka', b = kb', c = kc'$,代入余弦定理可算出 $A = A'$ 等;

(3) 如果 $A = A'$,而 $b = kb', c = kc'$,用余弦定理算出 $a = ka'$,当 $k = 1$ 时均为全等条件.

3. 如图,作 α, β 公共边的垂线,交 α 边延长线于 C,对 $\triangle ADC$ 写出面积方程.

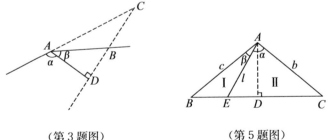

(第 3 题图)   (第 5 题图)

5. 如图,作顶角为 $(\alpha + \beta)$ 的等腰 $\triangle ABC$,那么
$$S_{\triangle I} + S_{\triangle II} = AD \cdot BD$$
$$= c\sin\frac{A}{2} \cdot l\cos\angle DAE,$$

而 $A = \alpha + \beta$，$\angle DAE = \dfrac{\alpha - \beta}{2}$. 另一方面，有

$$S_{\triangle \mathrm{I}} = \dfrac{1}{2} cl \sin\beta, \quad S_{\triangle \mathrm{II}} = \dfrac{1}{2} bl \sin\alpha,$$

代入即得．

6．注意到

$\sin^2 C = \sin^2(A + B)$
$\quad = \sin^2 A \cos^2 B + \sin^2 B \cos^2 A + 2\sin A \sin B \cos A \cos B.$

可化为

$\sin^2 C = \sin^2 A + \sin^2 B + 2\sin A \sin B (\cos A \cos B - \sin A \sin B),$

再用正弦定理及余弦和角公式即可证得．

练 习 题 6

2．用例 7.1 的方法，考虑比值 $S_{\triangle AMF} : S_{\triangle AMH}$.

3．由 $S_{\triangle CAB} = S_{\triangle DAB}$ 得 $S_{\triangle PAD} = S_{\triangle PBC}$，再注意到梯形的高为

$$AD\sin\alpha = BC\sin\beta,$$

对 $S_{\triangle PAD}$、$S_{\triangle PBC}$ 使用斜高公式即可证得．

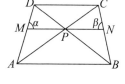

（第 3 题图）

5．列出面积方程

$$S_{\text{正方形} ABCD} - S_{\triangle PDC} = S_{\triangle PAB} + S_{\triangle PAD} + S_{\triangle PBC}.$$

6．要证明 $MN = NF$，只需证明

$$S_{\triangle AMC} = S_{\triangle AFC}.$$

要证明

$$S_{\triangle AMC} = S_{\triangle AFC},$$

只需证明
$$AC \cdot AM\sin\alpha = AC \cdot CF\sin\angle ACF,$$
也就是证明
$$AM\sin\alpha = CF\sin(2\beta - \gamma).$$
但
$$AM = AD - DM = AD - CF\sin 2\beta = AD(1 - \tan\alpha\sin 2\beta),$$
$CF = DC = AD\tan\alpha$,所以归结为证明
$$(1 - \tan\alpha\sin 2\beta)\sin\alpha = \tan\alpha\sin(2\beta - \gamma).$$
由于 $\alpha + \gamma = 90°$, $2\tan\beta = \cot\alpha$,容易证明等式成立.

7. 这一题的证法很多. 用面积关系证明的一种方法是,列出 $\triangle ABC$ 面积方程
$$S_{\triangle ABC} = 2S_{\triangle AEC} + S_{\triangle BEC},$$
即
$$AC^2\sin 2\alpha = EF \cdot BC + 2hAC.$$
这里 h 为 E 到 AC 的距离. 然后利用
$$AC = AD\cos\alpha, \quad BC = 2AC\sin\alpha = AD\sin 2\alpha,$$
又
$$OD = OG = OH,$$
$$OD + \frac{OG}{\sin\alpha} = AD, \quad OE = OG\sin\alpha,$$
利用这些关系,容易证得 $EF = h$.

8. 考虑比值 $S_{\triangle APC} : S_{\triangle BQC}$.

10. 证明方法同例 7.6.

11. 这一题是例 7.2 的逆命题,将例 7.2 的证法逆推,即可证得.

练习题 7

2. 用 $S_{\triangle AED}, S_{\triangle BED}, S_{\triangle CED}$ 的比代替线段的比.

4. 注意到用比例式
$$\frac{AP}{AD} = \frac{S_{\triangle ABC} - S_{\triangle PBC}}{S_{\triangle ABC}}$$
等去证明.

5. 用例 8.2 的方法证明.

7. 如图,
$$S_{\triangle ADE} = \frac{1}{3} S_{\triangle ADC},$$
$$S_{\triangle BCH} = \frac{1}{3} S_{\triangle ABC},$$
所以

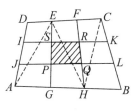

(第 7 题图)

$$S_{四边形AHCE} = \frac{2}{3} S_{四边形ABCD}.$$

又 $AG = GH, CF = FE, S_{四边形GHFE} = \frac{1}{2} S_{四边形AHCE}$,然后用例 8.3 的结果,证明阴影部分面积为 $\frac{1}{3} S_{四边形GHFE}$.

8. 用以 P 为顶点的各三角形面积比代替线段的比,再用面积公式代入,得证.

9. 用张角关系证明.

10. 由张角关系可推得 $\frac{1}{PA} + \frac{1}{PB} = \frac{1}{PC} + \frac{1}{PD}$.

11. 这是例 8.5 的推广,证法同例 8.5.

12. 利用 A 点对 B, E, C 的张角关系证明.

13. 注意: $\frac{1}{2}(DC \cdot BC + AB \cdot AD)\sin\angle BAD = S_{四边形ABCD}$ 以及 $2R\sin\angle BAD = BD$;这里 R 是圆的半径.

练习题 8

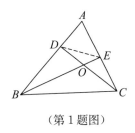

(第1题图)

1. 利用

$$\frac{DO}{CO} = \frac{S_{\triangle BED}}{S_{\triangle ABE}} \cdot \frac{S_{\triangle ADE}}{S_{\triangle ABE}} \cdot \frac{S_{\triangle ABE}}{S_{\triangle BCE}}.$$

2. 这是例 9.2(1) 的逆命题. 利用 $S_{\triangle GAC} = S_{\triangle OAC}$. 可得

$$\frac{1}{2} r \cdot AC = \frac{1}{3} S_{\triangle ABC} = \frac{r}{6}(AB + BC + CA).$$

3. 用例 9.3 的方法证明.

4. 同上.

5. 这一题是练习题 7 第 12 题的特例.

练习题 9

3. 分别作出 T 在圆内、圆外两种情形的图(1)和(2).

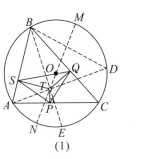
(1)

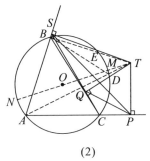
(2)

(第3题图)

连结 AT, BT 分别交圆周于 D, E. 又设圆心为 O. 连结 OT 交圆周于 M, N. 由于 A, P, T, S 共圆, 所以

$$\angle PST = \angle TAP.$$

又因为 B,S,T,Q 共圆,所以
$$\angle QST = \angle TBQ.$$
此外,显然有
$$\angle PAT = \angle CBD,$$
所以
$$\angle PSQ = \angle EBD.$$
即
$$S_{\triangle QPS} = \frac{1}{2} PS \cdot QS \cdot \sin\angle PSQ$$
$$= \frac{1}{2} PS \cdot QS \cdot \sin\angle EBD.$$
又因为 AT, BT 分别是 $APTS, BSTQ$ 外接圆的直径,所以
$$PS = AT\sin A, \quad QS = BT\sin B.$$
又因为 $\angle BDA = \angle C$,在 $\triangle BTD$ 中用正弦定理得
$$\frac{BT}{DT} = \frac{\sin D}{\sin\angle TBD} = \frac{\sin C}{\sin\angle DBE},$$
所以
$$S_{\triangle QPS} = \frac{1}{2} AT \cdot DT \cdot \sin A \cdot \sin B \cdot \sin C.$$
由圆幂定理,得
$$AT \cdot DT = MT \cdot NT = \pm(R^2 - d^2) = |R^2 - d^2|,$$
所以
$$S_{\triangle QPS} = \frac{1}{2} |R^2 - d^2| \sin A \sin B \sin C.$$

4. 证明 $S_{四边形ABCD} = S_{\triangle ABE} + S_{\triangle BCE} + S_{\triangle DAE}$.

5. 以下只讨论如图所示的这种情形,其他情形读者自己讨论.

由于 M 是 AC 的中点,N 是 BD 的中点,所以

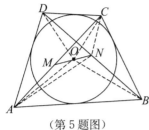

(第5题图)

$$2S_{\triangle ANM} = S_{\triangle ANC}$$
$$= S_{\triangle AND} + S_{\triangle CDN} - S_{\triangle ACD}$$
$$= \frac{S}{2} - S_{\triangle ACD}, \quad (1)$$

这里 $S = S_{四边形ABCD}$.

设 $\odot O$ 的半径为 r，那么

$$2S_{\triangle AOM} = S_{\triangle AOC} = S_{\triangle AOD} + S_{\triangle OCD} - S_{\triangle ACD}$$
$$= \frac{r}{2}(AD + DC) - S_{\triangle ACD}. \quad (2)$$

另一方面，

$$2S_{\triangle ANO} = 2(S_{\triangle AND} - S_{\triangle AOD} - S_{\triangle OND})$$
$$= 2S_{\triangle AND} - 2S_{\triangle AOD} - (S_{\triangle OBC} + S_{\triangle OCD} - S_{\triangle BCD})$$
$$= 2S_{\triangle AND} - r \cdot AD - \frac{r}{2}(BC + CD) + S_{\triangle BCD}$$
$$= S_{\triangle ABD} - \frac{r}{2}(2AD + BC + CD) + S_{\triangle BCD}$$
$$= S - \frac{r}{2}(2AD + BC + CD),$$

所以

$$2(S_{\triangle ANO} + S_{\triangle AOM}) = S - \frac{r}{2}(AD + BC) - S_{\triangle ACD}$$
$$= \frac{S}{2} - S_{\triangle ACD}$$
$$= 2S_{\triangle ANM}.$$

(上面最后一步用到外切四边形的性质：$AB + CD = BC + DA$).

6. 证明

$$S_{\triangle AFH} + S_{\triangle AHC} = S_{\triangle AFC}.$$

这里 D,E,F 分别为 a,b,c 三边上的垂足,而 H 为 AD,BE 的交点. 利用

$$FA:FB = \tan\angle FCA:\tan\angle FCB,$$

$\angle FCA = \angle FBE$ 及例 10.5 的方法容易证得.

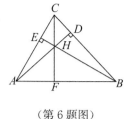

(第 6 题图)

练 习 题 10

1. 方法同例 11.2.

2. 方法同例 11.4.

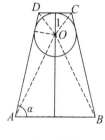

(第 3 题图)

3. 利用面积关系

$$S_{梯形ABCD} = S_{\triangle OAB} + S_{\triangle OCD} + 2S_{\triangle OBC},$$

令 $\angle DAB = \alpha$, $\cos\alpha = x$, 那么 $AD = \dfrac{5}{\sin\alpha}$, $DC = AB - 2AD\cos\alpha$. 利用这些等式列出 x 所满足的方程即可求得.

4. 利用练习题 8 第 1 题的结果, 求得 $AR:RD = 3:4$. 于是 $AR = \dfrac{3}{7}AD$, 因而

$$S_{\triangle ABR} = \frac{3}{7}S_{\triangle ABD} = \frac{3}{7}\cdot\frac{2}{3}\cdot S_{\triangle ABC},$$

同理

$$S_{\triangle BCP} = S_{\triangle CAQ} = \frac{2}{7}S_{\triangle ABC}.$$

再从 $S_{\triangle PQR} = S_{\triangle ABC} - S_{\triangle ABR} - S_{\triangle BCP} - S_{\triangle CAQ}$ 即可求得.

5. 这是第 4 题的推广, 证法同上.

6. 由

$$S_{\triangle APD} = \frac{1}{2} AP \cdot AD\sin\angle PAD,$$

$$S_{\triangle APB} = \frac{1}{2} AP \cdot AB\sin\angle PAB,$$

相比,得

$$\frac{PD}{PB} = \frac{S_{\triangle APD}}{S_{\triangle APB}} = \frac{AD\sin\angle PAD}{AB\sin\angle PAB} = 2\tan\angle PAD,$$

同理

$$\frac{PD}{PB} = \frac{1}{2}\tan\angle PCD,$$

设 $\frac{PD}{PB} = x$,所以

$$\tan(\angle PAD + \angle PCD) = \cot\angle APC$$

$$= \frac{\frac{1}{2}x + 2x}{1 - x^2} = \frac{5}{3},$$

解得 $x = \frac{1}{2}$,即 $PD = BD = \sqrt{5}$.

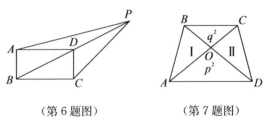

(第 6 题图)　　　(第 7 题图)

7. 利用

$$S_{\triangle I} = S_{\triangle II} = \frac{AO}{OC} S_{BOC} = pq,$$

得 $S_{梯形 ABCD} = (p + q)^2$.

8. 用导出欧拉公式的方法证明.

练 习 题 11

1. 以 G 为视点,分别对 B,E,N 及 C,F,M 用张角关系,得
$$\frac{\sin(\alpha+\beta)}{EG}=\frac{\sin\alpha}{BG}+\frac{\sin\beta}{NG}, \quad \frac{\sin(\alpha+\beta)}{FG}=\frac{\sin\alpha}{MG}+\frac{\sin\beta}{CG}.$$
两式相比,即可证得所要的不等式.

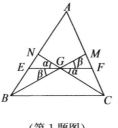

(第1题图)　　　　　(第2题图)

2. 设四面体四个面的面积为 a,b,c,d,各二面角分别为 $\widehat{a,b}$, $\widehat{a,c},\widehat{a,d},\widehat{b,c},\widehat{b,d},\widehat{c,d}$. 由投影可知
$$b\cos\widehat{a,b}+c\cos\widehat{a,c}+d\cos\widehat{a,d}=a,$$
所以
$$bcd\cos\widehat{a,b}\cdot\cos\widehat{a,c}\cdot\cos\widehat{a,d}\leqslant\frac{a^3}{27}.$$
再写出类似的另外三个不等式,连乘即得.

3. 用某些三角形面积表示图中 $\sin\alpha,\sin\beta,\sin\gamma$,即可证得.

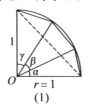 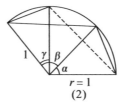

(1)　　　　　　(2)

(第3题图)

4. 注意 $PD+PE+PF$ 为 $\triangle ABC$ 的高,并利用斜高公式证明.

5. 作 $\triangle ABC$ 的外接圆 $\odot O$,直线 PC 交 $\odot O$ 于 Q. 作直径 QC',过 Q 作直线交直线 $C'B$ 于 A',交直线 $C'A$ 于 B',并使 $\angle A' = \angle B' = 60°$. 那么 $QB \perp A'C'$, $QA \perp B'C'$,由上面第4题的结论知

$$PA+PB+PQ \geqslant QA+QB.$$

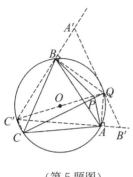

(第5题图)

另一方面,由 $\angle A' = \angle B' = \angle AC'C$,所以 $C'C \parallel A'B'$,CQ 为 $\triangle A'B'C'$ 在 $A'B'$ 边上的高. 由练习题8第3题结论知 $QA+QB=QC$,所以

$$PA+PB+PQ \geqslant QC.$$

即

$$PA+PB \geqslant QC-QP=PC.$$

当 P,Q 重合时,等式成立. 即点 P 在 $\overset{\frown}{AB}$ 上时等式成立.

6. 注意: $S_{\triangle ABO} : S_{\triangle ADO} = S_{\triangle BCO} : S_{\triangle CDO}$.

8. 直接用海伦公式,或利用

$$S_{\triangle ABC} = \frac{1}{2}ab\sin C = \frac{1}{2}bc\sin A = \frac{1}{2}ca\sin B,$$

及平均不等式证明.

9. 用类似于例12.4的方法. 先列出三个等式,再连乘,转化为所要证的不等式.

10. 如图,当 $a_1+a_2+a_3 \leqslant 100$ 时,对角线上的那些小正方形不可能把阴影部分填满. 为证实这个结论,只要把所有的小正方形向上平移到靠上边线处,就很清楚了.

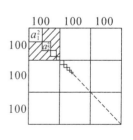

(第10题图)

11. 利用
$$\frac{1}{2}r(a+b+c) = S = \frac{abc}{4R},$$
$a = 2R\sin A, b = 2R\sin B, c = 2R\sin C$ 及平均不等式证明.

12. 所要证的不等式等价于 $\sin^2 A + \sin^2 B + \sin^2 C \leqslant \frac{9}{4}$. 此式等价于
$$\sin(2A - 90°) + \sin(2B - 90°) + \sin(2C - 90°) \leqslant \frac{3}{2}.$$

中国科学技术大学出版社中学数学用书

高中数学竞赛教程/严镇军　单墫　苏淳　等
中外数学竞赛/李炯生　王新茂　等
第51—76届莫斯科数学奥林匹克/苏淳　申强
名牌大学学科营与自主招生考试绿卡·数学真题篇
　/李广明、张剑
重点大学自主招生数学备考用书/甘志国

同中学生谈排列组合/苏淳
趣味的图论问题/单墫
有趣的染色方法/苏淳
组合恒等式/史济怀
集合/冯惠愚
不定方程/单墫　余红兵
概率与期望/单墫
组合几何/单墫
算两次/单墫
几何不等式/单墫
解析几何的技巧/单墫
重要不等式/蔡玉书
有趣的差分方程(第2版)/李克正　李克大
抽屉原则/常庚哲
母函数(第2版)/史济怀
从勾股定理谈起(第2版)/盛立人　严镇军
三角恒等式及其应用(第2版)/张运筹
三角不等式及其应用(第2版)/张运筹
反射与反演(第2版)/严镇军

数列与数集/朱尧辰
同中学生谈博弈/盛立人
趣味数学100题/单壿
向量几何/李乔
面积关系帮你解题(第3版)/张景中
磨光变换/常庚哲
周期数列(第2版)/曹鸿德
微微对偶不等式及其应用(第2版)/张运筹
递推数列/陈泽安
根与系数的关系及其应用(第2版)/毛鸿翔
怎样证明三角恒等式(第2版)/朱尧辰
帮你学几何(第2版)/臧龙光
帮你学集合/张景中
向量、复数与质点/彭翕成
初等数论/王慧兴
漫话数学归纳法(第4版)/苏淳
从特殊性看问题(第4版)/苏淳
凸函数与琴生不等式/黄宣国
国际数学奥林匹克240真题巧解/张运筹
Fibonacci数列/肖果能
数学奥林匹克中的智巧/田廷彦
极值问题的初等解法/朱尧辰
巧用抽屉原理/冯跃峰
统计学漫话(第2版)/陈希孺　苏淳

学数学.第1卷/李潜
学数学.第2卷/李潜
学数学.第3卷/李潜
学数学.第4卷/李潜